GLEIBE PRETTI
RODRIGO HASSON
ROBERTA CÂNDIDO

TEMAS IMPORTANTES DE PERÍCIA

Com ênfase em Grafotécnica

2022

P942t
PRETTI, Gleibe

   Temas importante de perícia: com ênfase em Grafotécnica / Gleibe Pretti, Rodrigo Hasson, Roberta Cândido. São Paulo: Editora JEFTE, 2022.
   246 p.: il.

   ISBN: 978-85-67487-08-3

   1.Direito Processual 2. Perícia Grafotécnica. 3. Caligrafia 4. Perito I. HASSON, Rodrigo II. CÂNDIDO, Roberta

CDD 341.46428
*Catalogação na Fonte: Kelli Helena Santos da Silva CRB 8/7607

SUMÁRIO

APRESENTAÇÃO
Prof. Dr. Gleibe Pretti 7

CAPÍTULO 1
COMO TRABALHAR NO TRIBUNAL NA FUNÇÃO PERITO JUDICIAL? 9
1   Conceito e primeiras observações sobre perícia 9
2   Importância da Perícia Judicial 10
3   Classificação das perícias 11
4   Conhecimento sobre o pedido 11
5   Postura das Partes 12
6   Interação das partes sobre o parecer do Laudo 12
7   Laudo x Sentença: O real efeito da perícia no processo 13
8   Explanação minuciosa sobre o tema 14

CAPÍTULO 2
TEORIA SOBRE A ESCRITA 43
1   Origem da escrita 43
2   Mesopotâmia 45
3   Antigo Egito 45
4   China 46
5   Desenvolvimento e evolução 46
6   O surgimento da escrita 47
7   Tipos de escrita 47
8   Importância da escrita 48

CAPÍTULO 3
A PRÁTICA DA PERÍCIA 49
1   INTRODUÇÃO 49
2   PERÍCIA GRAFOTÉCNICA 49
3   GRAFOSCOPIA 51
4   ELEMENTOS DA GRAFIA 51
5   ANÁLISE DE ASSINATURAS MANUSCRITAS BASEADA NOS PRINCÍPIOS
    DA GRAFOSCOPIA 53

6	DEFINIÇÕES E TERMINOLOGIAS	54
7	ATRIBUIÇÃO PROFISSIONAL	54
8	CLASSIFICAÇÃO DAS PERÍCIAS GRAFOSCÓPICAS	55
9	CRITÉRIO UTILIZADO NA ELABORAÇÃO DE LAUDOS GRAFOTÉCNICOS	55
10	METODOLOGIA EMPREGADA NA CONFECÇÃO DE LAUDOS GRAFOTÉCNICOS	55
11	EXAMES DO DOCUMENTO QUESTIONADO	56
12	EXAMES DOS PARADIGMAS	57
13	CONFRONTAÇÕES GRAFOSCÓPICAS	57
14	DETERMINAÇÃO DAS CONVERGÊNCIAS E DIVERGÊNCIAS GRÁFICAS	58
15	ILUSTRAÇÕES GRAFOSCÓPICAS	59
16	TÓPICOS ESSENCIAIS DO LAUDO	59
17	CONCLUSÃO	60
18	OBSERVAÇÕES INTERESSANTES AO TEMA	60

CAPÍTULO 3
Legislação sobre o tema ... 77
Resolução CNJ sobre perito ... 88

CAPÍTULO 4
HONORÁRIOS ... 97
11   Honorários de perito ... 97

CAPÍTULO 5
MODELO DE LAUDO ... 103
12	MODELO DE LAUDO	103
	LAUDO PERICIAL	104
1	ORIGEM DO PROCESSO	104
2.	RESUMO DOS FATOS	104
3.	ESTRUTURA DO LAUDO PERICIAL	105
4	ANÁLISE CIENTÍFICA DAS ASSINATURAS	105
5	PERÍCIA GRAFOTÉCNICA	106
6	GRAFOSCOPIA	107
7	ELEMENTOS DA GRAFIA	108
8	ANÁLISE DE ASSINATURAS MANUSCRITAS BASEADA NOS PRINCÍPIOS DA GRAFOSCOPIA.	109
9	DEFINIÇÕES E TERMINOLOGIAS	110
10	ATRIBUIÇÃO PROFISSIONAL	111
11	CLASSIFICAÇÃO DAS PERÍCIAS GRAFOSCÓPICAS	111
12	CRITÉRIO UTILIZADO NA ELABORAÇÃO DE LAUDOS GRAFOTÉCNICOS	111
13	METODOLOGIA EMPREGADA NA CONFECÇÃO DE LAUDOS GRAFOTÉCNICOS	112

14	EXAMES DO DOCUMENTO QUESTIONADO	112
15	EXAMES DOS PARADIGMAS	113
16	CONFRONTOS GRAFOSCÓPICAS	113
17.	DETERMINAÇÃO DAS CONVERGÊNCIAS E DIVERGÊNCIAS GRÁFICAS	115
18	ILUSTRAÇÕES GRAFOSCÓPICAS	117
19	TÓPICOS ESSENCIAIS DO LAUDO	117
20	Fechamento dos Trabalhos	117
21	PADRÕES DE CONFRONTO:	118
22.	ANÁLISE DE COMPARAÇÃO DE ASSINATURAS:	121
23	ULTERIORES ANÁLISES:	132
24	PLANILHA DE RESULTADOS	134
25	DOS QUESITOS E DAS RESPOSTAS AOS QUESITOS	135
26	CONCLUSÃO:	135

CAPÍTULO 6
PRINCIPAIS DÚVIDAS NA PERÍCIA 141

CAPÍTULO 7
APROFUNDAMENTO DOUTRINÁRIO SOBRE O TEMA 183
O QUE É A ANÁLISE CIENTÍFICA DAS ASSINATURAS? 183
O QUE SE DEVE ENTENDER POR GRAFOTÉCNICA? 184
O QUE SE ENTENDE POR GRAFOSCOPIA? 185
QUAIS SÃO OS ELEMENTOS DA GRAFIA? 186
COMO SE FAZ A ANÁLISE DE ASSINATURAS MANUSCRITAS BASEADA
NOS PRINCÍPIOS DA GRAFOSCOPIA? 187
QUAIS SÃO AS PRINCIPAIS DEFINIÇÕES E TERMINOLOGIAS NA
GRAFOTÉCNICA? 188
QUAL A ATRIBUIÇÃO PROFISSIONAL DO PERITO? 189
COMO SE DÁ A CLASSIFICAÇÃO DAS PERÍCIAS GRAFOSCÓPICAS? 189
QUAL O CRITÉRIO UTILIZADO NA ELABORAÇÃO DE LAUDOS
GRAFOTÉCNICOS? 189
QUAL A METODOLOGIA EMPREGADA NA CONFECÇÃO DE LAUDOS
GRAFOTÉCNICOS? 190
COMO QUE SE DÁ O EXAMES DO DOCUMENTO QUESTIONADO? 190
COMO SE FAZ OS EXAMES DOS PARADIGMAS? 191
COMO SE DÁ OS CONFRONTOS NA GRAFOSCÓPICAS? 192
COMO SE FAZ A DETERMINAÇÃO DAS CONVERGÊNCIAS E DIVERGÊNCIAS
GRÁFICAS? 193
O QUE SE ENTENDE POR ILUSTRAÇÕES GRAFOSCÓPICAS? 194
QUAIS SÃO OS TÓPICOS ESSENCIAIS DO LAUDO? 194
COMO REALIZAR O FECHAMENTO DOS TRABALHOS NA PERÍCIA? 194

QUAL A ANÁLISE QUE DEVEMOS FAZER NO QUE SE REFERE
A DPI?..195
QUAIS SÃO AS FERRAMENTAS E APLICATIVOS MAIS COMUNS ASSIM COMO
OS APARELHOS UTILIZADOS PELO PERITO?...196
QUAL A METODOLOGIA ESPECÍFICA NA ANÁLISE DOS TRAÇOS DA IMPRESSÃO
E DA ASSINATURA?...196
QUAIS SÃO AS CONFRONTAÇÕES GRAFOSCÓPICAS?..197
QUAL A DETERMINAÇÃO DAS CONVERGÊNCIAS E DIVERGÊNCIAS GRÁFICAS?.......198
QUAL O CONCEITO E PRIMEIRAS OBSERVAÇÕES SOBRE PERÍCIA?........................199
QUAL A IMPORTÂNCIA DA PERÍCIA JUDICIAL?..200
QUAL A CLASSIFICAÇÃO DAS PERÍCIAS?...201
O QUE SABER SOBRE O CONHECIMENTO SOBRE O PEDIDO?...........................201
QUAL DEVE SER A POSTURA DAS PARTES?..202
COMO SE DÁ A INTERAÇÃO DAS PARTES SOBRE O PARECER DO LAUDO?..............202
O QUE SABER SOBRE LAUDO X SENTENÇA: O REAL EFEITO DA PERÍCIA
NO PROCESSO?...203
QUAL A EXPLANAÇÃO MINUCIOSA SOBRE O TEMA SOBRE PERÍCIA?.....................204
O QUE É PERITO – AUXILIAR DA JUSTIÇA?...206
O QUE SABER SOBRE A PROVA PERICIAL?...207
IMPORTANTES PONTOS SOBRE A PROVA TÉCNICA SIMPLIFICADA O QUE SABER?..208
O QUE DEVE SE SABER SOBRE A ESPECIALIZAÇÃO DOS PERITOS?......................208
O QUE SABER SOBRE A NOMEAÇÃO DO PERITO?...213
O QUE SABER SOBRE PERÍCIA CONSENSUAL?..214
COMO O TRIBUNAL ENTENDE ACERCA DOS HONORÁRIOS PERICIAIS?..................215
COMO ANALISAR A PROVA PERICIAL E O BENEFICIÁRIO DA JUSTIÇA GRATUITA?.....217
COMO SE DÁ A RECUSA AO PERITO?..218
EXISTEM AINDA PONTOS A SABER, SOBRE QUESITOS E ASSISTENTE TÉCNICO?...219
COMO SE DÁ A REALIZAÇÃO DO TRABALHO PERICIAL?.....................................220
PARA ENTENDER O QUE É O LAUDO PERICIAL?..222
O QUE É A PERÍCIA DEFICIENTE OU INCONCLUSIVA?...225
COMO DEVEMOS ENTENDER UMA NOVA PERÍCIA?..228
COMO SE DÁ O REEXAME DAS DECISÕES NA PERÍCIA?....................................229

CAPÍTULO 8
PARECER TÉCNICO..233
   EXISTE UM MODELO DE LAUDO QUE PODE SEGUIR?.....................................233
   TEM UM MODELO PADRÃO DE PARECER TÉCNICO?.......................................233
   CONCLUSÃO..242

CONCLUSÕES SOBRE ESSE LIVRO...243

NOTAS E REFERÊNCIAS 245

APRESENTAÇÃO

Chegou o livro que eu tanto queria escrever: TEMAS IMPORTANTES DE PERÍCIA. Trata-se de uma excelente oportunidade de o leitor obter uma nova profissão.

O mercado de trabalho é intenso nessa área, como nos fóruns assim como nas empresas.

Fiz uma busca na rede mundial de computadores e extrai o que há de melhor (cito as fontes ao final) e coloco minha experiência com o objetivo de passar o conteúdo necessários para o futuro perito.

Além do mais, além de toda a teoria necessária, se faz necessário seu estudo, para aplicação prática e a realização do curso para ter ainda mais conteúdo, assim como obter o certificado para exercer a profissão, o qual indicamos o curso jusexpert.com

Obrigado pela escolha e vamos ao trabalho!

Prof. Dr. Gleibe Pretti

Doutor no Programa de pós-graduação em Direito da Universidade de Marília (UNIMAR-CAPES-nota 4), área de concentração Empreendimentos Econômicos, Desenvolvimento e Mudança Social, com a tese: APLICAÇÃO DA ARBITRAGEM NAS RELAÇÕES TRABALHISTAS, COMO UMA FORMA DE EFETIVIDADE DA JUSTIÇA (Concluído em 09/06/2022, aprovado com nota máxima). Mestre em Análise Geoambiental na Univeritas (UnG). Pós-graduado em Direito Constitucional e Direito e Processo do Trabalho na UNIFIA-UNISEPE (2015). Bacharel em Direito na Universidade São Francisco (2002) e Licenciatura em Sociologia na Faculdade Paulista São José (2016). Coordenador da graduação e da pós-graduação do curso de Direito da FAUSP- Faculdades Unidas de São Paulo. Coordenador do Mestrado em Direito na MUSTY University. Atualmente é Professor Universitário na Graduação nas seguintes faculdades: Centro Universitário Estácio São Paulo, Faculdades Campos Salles (FICS) e Faculdades Unidas de São Paulo (FAUSP). UNITAU (Universidade de Taubaté), como professor da pós-graduação em direito do trabalho, assim como arbitragem, Professor da Jus Expert, em perícia grafotécnica, documentoscopia, perícia, avaliador de bens móveis e investigador de usucapião. Membro e pesquisador do Grupo de pesquisa em Epistemologia da prática arbitral nacional e internacional, da Universidade de Marília (UNIMAR) com o endereço: dgp.cnpq.br/dgp/espelhogrupo/2781165061648836 em que o líder é o Prof. Dr. Elias Marques de Medeiros Neto. Avaliador de artigos da Revista da Faculdade de Direito da Universidade

Federal do Paraná (UFPR). Atua como Advogado, Árbitro na Câmara de Mediação e Arbitragem Especializada de São Paulo S.S. Ltda. Cames/SP e na Secretaria Nacional dos Direitos Autorais e Propriedade Intelectual (SNDAPI), da Secretaria Especial de Cultura (Secult), desde 2015. Especialista nas áreas de Direito e Processo do Trabalho, assim como em Arbitragem. Focado em novidades da área como: LGPD nas empresas, Empreendedorismo em face do desemprego, Direito do Trabalho Pós Pandemia, Marketing Jurídico, Direito do Trabalho e métodos de solução de conflito (Arbitragem), Meio ambiente do Trabalho e Sustentabilidade, Mindset 4.0 nas relações trabalhistas, Compliance Trabalhista, Direito do Trabalho numa sociedade líquida, dentre outros). Autor de mais de 100 livros na área trabalhista, dentre outros com mais de 300 artigos jurídicos (período de 2020 a 2022), em revistas e sites jurídicos, realizados individualmente ou em conjunto. Tel: 11 982073053

Email: professorgleibe@gmail.com
Redes sociais: @professorgleibepretti

CAPÍTULO 1

COMO TRABALHAR NO TRIBUNAL NA FUNÇÃO PERITO JUDICIAL?

Aula sobre o tema:

https://youtu.be/WUAEQX7CJyo

https://youtu.be/E28cbr5SQg0

https://youtu.be/gDBThmaQRMQ

1 CONCEITO E PRIMEIRAS OBSERVAÇÕES SOBRE PERÍCIA

Perícia judicial é a forma de produção de prova por parte de um profissional que tem a indicação de um juiz, no caso o Perito Judicial é o profissional possuidor de diploma de grau superior (em situações que exigem) ou provido de conhecimento técnico (como grafotécnico), científico ou artístico, precisa expressão do chamado "notório saber", legalmente habilitado ou munido de parecer de suficiência emitido por entidade de reconhecimento público, dentro do território nacional, nomeado pelo Juízo para atuar em processo judicial que tramite em Varas e Tribunais de Justiça Regionais, Estaduais e Federais, com a finalidade de pesquisar e informar a verdade sobre as questões propostas, através de laudos.

Para atuar como perito judicial não é necessário prestar concurso público, nem estar vinculado a alguma instituição ou emprego.

Podem ser peritos: os aposentados, profissionais liberais, funcionários públicos, empregados de empresas em geral, desde que sejam suas profissões regulamentadas por lei, como: economistas, engenheiros, arquitetos, contadores, administradores e médicos e demais profissionais.

A perícia, possui por suas principais características, entre as quais flexibilidade de horários para executar tarefas, prazos relativamente grandes de entrega do laudo e cunho solitário da atividade, pouco dependente de fatores externos, torna-se um dos principais atrativos aos que procuram segurança numa atividade profissional paralela. Essas características são pouco encontradas em outras áreas.

O perito é chamado pela Justiça para dar pareceres técnicos em processos judiciais, nos quais podem estar envolvidos pessoas físicas, jurídicas e órgãos públicos. O parecer técnico é dado através de um Laudo escrito, que será assinado pessoalmente pelo perito. O Laudo passa a ser uma das peças que compõem um processo judicial.

O trabalho é remunerado, e em alguns casos cabe adiantamento de honorários, quando solicitados na forma correta e apropriada.

Não há horário fixo para o trabalho, podendo realizá-lo quando se dispõe de tempo. Como a atividade não exige exclusividade, há possibilidade de o profissional estar empregado ou ter outras atividades e realizar perícias durante seu tempo disponível

A Perícia é sempre realizada para que a autoridade julgadora tenha condições de tomar uma decisão correta, imparcial e justa. Em se tratando de Perícia Judicial que totaliza 99% dos casos, ela é sempre determinada pelo Juiz julgador da questão, a pedido das partes ou por iniciativa própria do magistrado.

2 IMPORTÂNCIA DA PERÍCIA JUDICIAL

Quando falamos em processo trabalhista, a primeira lembrança que temos é a audiência. É lá, na frente do juiz, onde serão expostos todos os fatos e fundamento jurídicos que levaram a ingressar com a ação. Entretanto, a audiência não é o único ato dentro de um processo. Existem outros atos de extrema importância para o bom andamento da lide. A perícia é uma delas.

Uma perícia malfeita pode comprometer todo o andamento de um processo e prejudicar tanto o réu quanto o autor do processo. É necessário compreender o que é este evento e porque ele está acontecendo. O juiz nomeia técnicos nas áreas de segurança e medicina do trabalho para que visitem o local de trabalho do reclamante e emitam pareceres sobre as condições de trabalho.

3   CLASSIFICAÇÃO DAS PERÍCIAS

A perícia judicial é aquela determinada pela justiça de ofício ou a pedido das partes envolvidas, já a extrajudicial é feita a pedido das partes, particularmente.

A perícia necessária (ou obrigatória) é a imposta por lei ou pela natureza do fato, quando a materialidade do fato se prova pela perícia. Se não for feita, o processo é passível de nulidade. A facultativa ocorre quando se faz prova por outros meios, sem necessidade da perícia.

A perícia oficial se dá por determinação do juiz. Pode ser requerida quando é solicitada pelas partes envolvidas no litígio. Quando contemporânea ao processo ocorre no decorrer do processo. Cautelar é a realizada na fase preparatória da ação, quando realizada antes do processo (*ad perpetuam rei memorian*). Pode se dar de forma direta, tendo presente o objeto da perícia e indireta quando feita pelos indícios ou sequelas deixadas.

4   CONHECIMENTO SOBRE O PEDIDO

No âmbito trabalhista, as perícias abordam questões como: insalubridade, periculosidade e itens como ergonomia e acidente de trabalho. Vamos utilizar como exemplo a perícia que versa sobre periculosidade.

Não é necessário ao autor, no momento do evento pericial, ter o conhecimento de toda lei referente a periculosidade, todavia, precisa saber que a sua atividade desenvolvida na empresa deverá, obrigatoriamente, preencher alguns requisitos: a) Ao tipo contato com determinada atividade perigosa; b) Que além de perigosa, esta atividade cause risco acentuado ao trabalhador a ponto de, em caso de acidente, lhe tirar a vida ou mutilá-lo; c) E ainda, que esta atividade esteja definida em Lei, ou como no caso da radiação ou substâncias ionizantes, definida em portaria expedida pelo Ministério do Trabalho.

Tão importante, para o réu ou autor da ação, quanto saber o que está sendo requerido é compreender que o momento da perícia é justamente para demonstrar na prática que as atividades podem ser enquadradas como perigosas ou insalubres, ou então para comprovar estão sendo tomadas todas as medidas necessárias para que não se caracterize perigosa ou insalubre.

5 POSTURA DAS PARTES

Ao mesmo tempo em que é importante autores e réus informarem e mostrarem com detalhes como são desenvolvidas as atividades que geraram a controvérsia, tão ou mais essencial é a atuação do perito. Ele deve anotar cada detalhe do que foi dito por cada uma das partes e, se possível, colher informações fotográficas do local de trabalho, para que o juiz possa emitir sua decisão com base nas informações do posterior laudo.

Autor e réu assim como numa audiência devem manter a urbanidade e, de preferência, falar em momentos distintos, sem comprometer a explanação do outro. É comum haver embate em perícias, porém isto pode acarretar dano à condução do evento.

6 INTERAÇÃO DAS PARTES SOBRE O PARECER DO LAUDO

O laudo é o documento que irá embasar a decisão do juiz quanto ao merecimento ou não do adicional de insalubridade ou periculosidade. Um laudo pode ser impugnado quanto a falta ou excesso de informações, porém, as partes precisam estar atentas aos que foi dito na perícia, de preferência anotando itens mencionados no evento. Achar que falou é diferente de ter certeza que falou, e a certeza do que foi dito é primordial para saber se vale a pena ou não impugnar um laudo.

7 LAUDO X SENTENÇA:
O REAL EFEITO DA PERÍCIA NO PROCESSO

O juiz constrói sua decisão a partir do confronto dos pedidos, com as provas, as normas legais, a doutrina e a jurisprudência. O perito deve construir o seu laudo, também com base nos pedidos que justificaram a prova técnica, as normas legais normalmente aplicáveis aos casos congêneres (sem fazer juízos de valor ou decidir entre elas – se houver divergência doutrinária ou jurisprudencial que possa implicar em mais de um caminho, deve indagar o parâmetro a ser utilizado na aferição).

O perito, quando referir que a doutrina de sua ciência entende desta ou daquela maneira, deve indicar as fontes, da forma mais completa possível. Assim como ao juiz não é possível simplesmente afirmar genericamente que a doutrina e a jurisprudência agasalham a sua tese, não pode o perito fazê-lo. Indicar as fontes é imperativo para ambos.

O juiz, somente ele, fixa os conceitos jurídicos e sua aplicação. Ao perito, não cabe a fixação de conceitos, mas a aplicação de conceitos já estabelecidos em sua ciência ao caso concreto. É incorreto o perito afirmar que a vítima merece ou desmerece indenização ou o adicional "x" ou "y" e sim que ela possui ou não possui incapacidade em tal grau ou teve um prejuízo de "z" ou não emergiram prejuízos do fato etc. É verdade que, muitas vezes, o próprio juiz induz o perito a emitir conceitos ao quesitar, como também é verdade que faz a mesma coisa com testemunhas (ao indagar, por exemplo, se fulano é honesto, ao invés de perguntar o que sabe sobre os fatos que poderiam indicar o contrário).

Para decidir, o juiz percorre todo um "iter", um caminho, que vai desde a tomada das alegações, a seleção da matéria controversa, a tomada das provas, a análise crítica das provas produzidas até a conclusão. O perito deve proceder do mesmo modo: ler as alegações das partes (constante tanto das petições quanto dos quesitos) e também do juiz (quesitos do juízo); estabelecer, a partir daí, as hipóteses, quais os exames e inspeções que precisará fazer para confirmar ou afastar as hipóteses; realizar os exames e inspeções com o máximo de diligência, sem preconceitos e com rigor científico (para não contaminar os resultados); relatar a pesquisa e os resultados de forma objetiva (ele deve narrar todo o caminho que percorreu até chegar ao resultado, os exames que fez, as hipóteses que acolheu, as hipóteses que restaram infirmadas, os suportes na doutrina que levaram ao acolhimento ou rejeição das hipóteses etc.).

Mencionado anteriormente, o laudo será um dos instrumentos que auxiliará o juiz na promulgação da sentença. Da sentença ainda cabe recurso, porém, o primeiro efeito ou decisão poderá ser o último, então se o réu ou autor esqueceram de mencionar algum detalhe importante ou, não tinham conhecimento suficiente do pedido que ocasionou a perícia ou das condições de trabalho, o processo pode ser prejudicado.

Portanto, viu-se através deste texto, que a perícia Judicial trabalhista é tão importante quanto a audiência. O fato de o juiz não estar presente e não termos a formalidade de uma sala de audiência não retira a importância do evento.

8 EXPLANAÇÃO MINUCIOSA SOBRE O TEMA

O novo CPC trouxe inúmeras inovações no âmbito da produção de prova pericial, e ao incorporar vários entendimentos jurisprudenciais adotados na vigência o código revogado, enriqueceu a legislação e afastou discussões infundadas causadas por falta de regramento minucioso.

Introdução

Ao disciplinar a prova pericial, a Lei nº 13.105/2015 trouxe relevantes alterações, enriquecendo o sistema do direito positivado, na medida em que o respectivo regramento restou mais detalhado e atento a questões que, sob a égide do Código de 1973, deram ensejo a inúmeras discussões perante os nossos tribunais.

Insta salientar que, de certo, não conseguiremos esgotar o assunto, tentaremos trazer ao leitor os aspectos mais importantes da nova legislação, e na medida do possível, apresentaremos posições jurisprudenciais alcançadas na vigência do diploma processual revogado, demonstrando que elas parecem ter sido incorporadas pelo atual *Codex*.

Jurisdição

De uma forma bastante resumida, o Direito pode ser entendido como um sistema de normas jurídicas válidas em tempo e espaço específicos, cuja finalidade é disciplinar as relações humanas intersubjetivas. Dentre todas essas normas há uma parcela destinada a regrar a composição das lides, ou seja, o ordenamento jurídico estatui como as pessoas devem agir na hipótese de terem direitos lesados ou colocados em situação de risco. Da mesma forma, num Estado Democrático de Direito, as normas jurídicas dispõem, ainda, como o Estado-Juiz deve se conduzir para pacificar os conflitos de interesses que lhe são submetidos.

A Constituição Federal assegura a todos o livre acesso ao Poder Judiciário para a proteção ou reparação de direitos, sendo que ao Estado foi atribuído o dever de desempenhar a atividade jurisdicional.

Para que se inicie a prestação da tutela jurisdicional é necessário que o interessado exerça o seu direito de ação, provocando o Poder Judiciário. O direito ameaçado ou violado só se torna objeto de apreciação pelo Estado-Juiz após o seu titular solicitar, através de uma ação, a prestação jurisdicional (art. 2º, CPC).

Provocado, o Estado tem o dever de analisar a questão que lhe foi submetida e resolvê-la através da aplicação das normas jurídicas. Assegurará a sobreposição da vontade da lei à vontade das partes, garantindo o respeito à ordem jurídica e a paz social.

Quando dizemos que o Estado tem o dever de compor a lide, o fazemos porque "a lei não excluirá da apreciação do Poder Judiciário lesão ou ameaça a direito" (art. 5º, XXXV, CRFB/1988), e o "juiz não se exime de decidir sob a alegação de lacuna ou obscuridade do ordenamento jurídico" (art. 140, CPC). Desta maneira, atendidos os pressupostos processuais e presentes todas as condições da ação, uma vez levado o caso concreto ao Poder Judiciário, este deverá decidi-lo, ainda que não encontre expressamente as normas jurídicas reguladoras.

Jurisdição é, portanto, o encargo que o Estado tem de, por seus órgãos, e sempre que for provocado, prestar a tutela jurisdicional através da aplicação da lei aos casos concretos. Note-se que não nos limitamos a dizer que a jurisdição tem de pôr fim a solução de litígios, pois em muitos casos haverá o desenvolvimento de atividade jurisdicional sem que haja lide a ser dirimida, como ocorre, por exemplo, com o divórcio consensual em que o casal possui filhos menores.

O princípio do devido processo legal exige que desde a provocação do Estado-Juiz até o momento em que a tutela jurisdicional é prestada em definitivo, sejam disponibilizados aos jurisdicionados todos os meios legais para defesa de seus interesses, assegurado o contraditório. Consequentemente, às partes deve ser facultada a produção de todas as provas que se mostrarem necessárias[I] à comprovação de suas alegações, pois só assim se desincumbem dos respectivos ônus [II].

Dentre os meios de prova legalmente previstos, destaca-se a pericial, haja vista que sua natureza técnica ou científica e a maior complexidade que geralmente gira no seu entorno, exige que o magistrado seja auxiliado por um perito.

Feitas estas breves considerações, passamos a tecer rápidos comentários sobre o perito judicial para, na sequência, tratarmos da prova pericial.

Perito – Auxiliar da Justiça

Para o exercício de suas funções o juiz necessita do auxílio constante ou eventual de outras pessoas que, tal como ele, devem atuar com diligência e imparcialidade (art. 149, CPC).

Nas causas em que a matéria envolvida exigir conhecimentos técnicos ou científicos próprios de determinadas áreas do saber, o magistrado será assistido por perito ou órgão, cuja nomeação observará o cadastro de inscritos mantido pelo tribunal ao qual o juiz está vinculado (art. 156, §1º, CPC), sendo que esse cadastro deve ser feito de acordo com o exigido pelo artigo 156, em seus §§ 2º e 3º.

A Lei nº 13.105/2015 inovou ao expandir a possibilidade de o juiz também ser assistido por "órgãos técnicos ou científicos", não estando limitado apenas a pessoas físicas na condição de "profissionais de nível universitário", tal como dispunha o código revogado. Nesta hipótese, o órgão que vier a ser designado para a realização de determinada perícia deverá comunicar ao juiz os nomes e os dados de qualificação dos profissionais que forem destacados para o respectivo trabalho pericial, de modo a viabilizar a verificação de eventuais causas de impedimento [III] e suspeição [IV] (art. 156, §4º, CPC).

Pode ocorrer, principalmente em comarcas pequenas, que para a realização de uma determinada perícia sobre área específica do conhecimento, não haja perito ou órgão inscrito no cadastro disponibilizado pelo tribunal. Nesta hipótese, o parágrafo quinto, do artigo 156, permite que o magistrado escolha livremente um profissional ou órgão que, comprovadamente, detenha conhecimento especializado para tal mister.

Nomeado, o auxiliar do juiz – perito ou órgão – deverá empregar toda diligência para, no prazo que lhe for assinado, cumprir seu trabalho. Poderá, se for o caso, no prazo legal de quinze dias, escusar-se do encargo alegando justo motivo, sob pena de renúncia a tal direito (art. 157, §1º, CPC).

Reforçando o dever de diligência exigido pelo artigo 157, o Código de Processo Civil, no seu artigo 466, estabelece que mesmo dispensado de assinar um termo de compromisso o perito – assim como o órgão técnico ou científico – tem o dever de cumprir escrupulosamente seu encargo.

Caso, por dolo ou culpa, o perito acabe prestando informações inverídicas, será responsabilizado pelos prejuízos que causar à parte, ficando ainda inabilitado para atuar em outras perícias por um prazo de dois a cinco anos, sem prejuízo de outras sanções. Caberá ao juiz comunicar tal fato ao respectivo órgão de classe, para que sejam adotadas as medidas cabíveis (art. 158. CPC). Dito de outra forma, para a responsabilização do perito ou órgão não é necessária a demonstração da intenção de prejudicar uma das partes, bastando ficar caracterizada a culpa pela imprudência, negligência ou imperícia.

Tecidas estas singelas considerações sobre o perito, passaremos a abordar a prova pericial.

A Prova Pericial

A prova pericial consistirá em exame, vistoria ou avaliação, e poderá ser determinada de ofício[V] ou a requerimento das partes. Será indeferida quando: a) não houver a necessidade de conhecimento especial de técnico para prova do fato; b) o fato já estiver comprovado por outros meios de prova; e, c) a verificação for impraticável (art. 464, §1º, CPC).

Caso o objeto da perícia envolva aspectos de maior complexidade, abarcando várias áreas do saber, o juiz nomeará mais de um perito, haja vista a necessidade de que cada um seja especializado em sua respectiva área de conhecimento (art. 475, CPC).

A produção da prova pericial poderá ser dispensada quando as partes, na inicial e na contestação, apresentarem, sobre as questões de fato, pareceres técnicos ou documentos elucidativos que forem considerados suficientes pelo magistrado (art. 472, CPC).

Prova Técnica Simplificada

Em muitos casos, apesar da necessidade de conhecimentos técnicos ou científicos especializados para a comprovação de determinado fato, pode ocorrer que a causa não envolva questões de alta complexidade.

Nesta hipótese o juiz poderá de ofício, ou a requerimento das partes, substituir a perícia por prova técnica simplificada, a qual consiste apenas na inquirição do especialista sobre os pontos controvertidos da causa. Durante sua arguição, o especialista poderá se utilizar de qualquer recurso tecnológico de transmissão de sons e imagens.

Especialização dos Peritos

Na vigência do código revogado já era exigido que para assumir o encargo de perito, além de graduado em nível universitário, o profissional comprovasse sua especialização através de certidão expedida pelo órgão de classe [VI] no qual encontrava-se inscrito. Para exemplificar, numa perícia médica sobre neurologia, não bastava que o profissional fosse graduado em medicina e inscrito no CRM – Conselho Regional de Medicina –, pois devia também possuir título de especialização na área do objeto da perícia. Entretanto, e lamentavelmente, muitos foram os casos em que os tribunais desprezaram a exigência legal de que o perito deveria ser especialista na matéria sobre a qual lhe incumbia opinar.

Prestigiando a segurança, e minimizando os riscos de prejuízos às partes e ao resultado útil do processo, a Lei nº 13.105/2015 é incisiva ao dispor que para o cargo de perito só pode ser nomeado o profissional que for especializado na área de conhecimento do objeto da perícia.

Com efeito, o artigo 465 do Código de Processo Civil é expresso quando impõe ao juiz o dever de nomear apenas "perito especializado no objeto da perícia". Ciente de sua nomeação, o expert deverá, em cinco dias, apresentar seu currículo com comprovação de especialização quanto ao objeto da perícia (art. 465, §2º, II, CPC), devendo ser substituído se "faltar-lhe conhecimento técnico ou científico" (art. 468, I, CPC).

Observe-se que a exigência de especialização no objeto da perícia também deve ser atendida para a produção da prova técnica simplificada. Os parágrafos terceiro e quarto do artigo 464, em sintonia com o disposto nos artigos 465 e 468, I, do Código de Processo Civil, são expressos quando se referem ao auxiliar do juiz como "especialista".

A título de ilustração, não se pode ter como segura e confiável a perícia médica que versa sobre psiquiatria, mas foi realizada por médico especializado em ortopedia. É evidente que apesar de sua formação acadêmica em medicina, o médico nomeado como perito não é especializado na área de conhecimento do objeto da perícia. Neste exemplo, resta claro o cerceamento de defesa, haja vista que à parte não foi deferida a efetiva comprovação de suas alegações.

Há, na jurisprudência, inúmeras decisões que, respeitando o ordenamento jurídico, e sob pena de cerceamento de defesa, reconheceram que o cargo de perito só pode ser preenchido por profissional "especialista" na respectiva área de conhecimento. Confira-se, nesse sentido, parte do brilhante voto proferido pelo Desembargador Francisco Carlos Inouye Shintate, do Eg. Tribunal de Justiça do Estado de São Paulo, in verbis:

(...) Caracterizou-se cerceamento de defesa, necessária a complementação da perícia médica para resposta dos quesitos suplementares formulados pela parte autora (fls. 147/148), pois o perito não respondeu aos quesitos das partes de forma adequada, afirmando a necessidade de nomeação de especialista para a análise da incapacidade decorrente. Como a sentença decidiu com base em prova que se mostrou incompleta porque não realizada perícia do grau de incapacidade, a consequência é o reconhecimento do cerceamento de defesa, o que implica a anulação da sentença para a reabertura da instrução processual.

Em face do exposto, dá-se provimento ao recurso para acolher a preliminar e anular a sentença, determinando-se a reabertura da instrução para que seja realizada perícia médica por especialista em psiquiatria (que responda, de forma analítica e fundamentada, as perguntas de autor e réu sobre a incapacidade para o trabalho), prejudicado o exame do mérito (...)" [VII]

Noutro caso, no qual uma perícia médica foi realizada por expert não especialista, o Eg. Tribunal de Justiça de São Paulo decidiu pela conversão do julgamento em diligência, para que outro exame pericial fosse realizado por profissional especializado na área de conhecimento do objeto da perícia. Confira-se, in verbis:

"(...). Ora, pelo que se percebe do simplificado e objetivo laudo pericial, o mesmo foi efetuado por médico não especialista na área de medicina do trabalho (pelo menos nada consta nos autos a respeito), cuja área de atuação é a 'neurologia', a qual se distancia do tipo de lesão traumática que o acidentado sofreu fraturando seu fêmur direito, deixando, assim, dúvida quanto a real capacidade de trabalho do autor, bem como quanto a extensão e temporariedade da lesão ocasionada, que teria redundado na perda flexora do joelho em grau mínimo, de onde que, por cautela, recomenda-se, a realização de nova perícia, a ser feita por médico do trabalho especialista na matéria em questão, qual seja, a 'traumatologia' ou 'ortopedia'. (...)" [VIII]

Vale ainda conferir, in verbis:

"Responsabilidade Civil – Erro médico – Complicações durante o parto e posterior morte do bebê – Alegação de cerceamento de defesa – Ocorrência – Prova pericial – Alegação de que o perito não tem especialidade na área de ginecologia e obstetrícia como o caso requer – Perito especialista em gastroenterologia e medicina de trabalho que não se mostra competente para atuar no presente caso – Necessidade de nomeação de perito especialista na área e realização de novo laudo pericial – Recurso provido para afastar a sentença, devendo o processo retomar seu curso."[IX]

"Agravo. Perícia. Nomeação de perito especializado. Em que pese ser o juiz o destinatário da prova, detendo poderes para nomear o perito de sua confiança, ele não deve se olvidar que a prova tem a finalidade de esclarecer questões técnicas e científicas, sendo necessária a comprovação da especialidade do expert na matéria em discussão Agravo provido."[X]

"Agravo regimental. (...). Perito. Nomeação. Afastamento. Exigência de nomeação de peritos especialistas na área, por questão de segurança no desfecho da lide. Decisão reformada. Recurso provido."[XI]

"AGRAVO DE INSTRUMENTO. ACIDENTE DE TRABALHO. AUXÍLIO-ACIDENTE. PERÍCIA. IMPUGNAÇÃO. PERITO ESPECIALISTA EM ORTOPEDIA/

TRAUMATOLOGIA. NECESSIDADE. DECISÃO REFORMADA. 1) Necessária a avaliação do municipiando por perito especialista na área de ortopedia/ traumatologia, com a finalidade de confirmar ou não a existência de sequelas em razão de acidente de trabalho e determinar a possibilidade de recebimento do benefício, uma vez que sustenta ele ter sequelas dos dois acidentes sofridos e que elas vêm lhe causando dores nas articulações dos membros inferiores. 2) Agravo conhecido e provido."[XII]
"AGRAVO DE INSTRUMENTO. AÇÃO DE COBRANÇA. DPVAT. REALIZAÇÃO DE NOVA PERÍCIA. TRAUMAS PSÍQUICOS. NECESSIDADE. JUIZ. DESTINATÁRIO DAS PROVAS. TERMO DE COOPERAÇÃO Nº 103/2012-DEC. AUSÊNCIA DE CARÁTER VINCULANTE. VALOR FIXADO EM CONSONÂNCIA COM O ATO Nº 16/2014-P (ATUALIZADO PELO ATO Nº 15/2015-P). MANUTENÇÃO.

O valor da indenização para os casos de invalidez permanente deve ser proporcional ao grau da lesão, independentemente da data em que ocorreu o acidente automobilístico, nos termos da Súmula 474, do STJ. Assim, mostra-se necessária a realização de nova perícia. Diferentemente do alegado pela parte agravante, a perícia já realizada, não foi conclusiva no que tange aos traumas psíquicos do autor. Outrossim, o médico incumbido daquela perícia, é especialista em Ortopedia e Traumatologia, não possuindo totais condições de aferir os problemas psiquiátricos alegados pelo autor.

(...)."[XIII]
"AGRAVO DE INSTRUMENTO. PREVIDENCIARIO. PROCESSO CIVIL. INSS. RESTABELECIMENTO DE AUXÍLIO ACIDENTÁRIO. PERÍCIA MÉDICA REALIZADA POR PERITO NÃO ESPECIALISTA. DESATENDIMENTO AO QUE DISPOE O ART. 145 E §§ DO CPC. DESIGNAÇÃO DE NOVO PERITO. NECESSIDADE. DEVIDA CONCESSÃO DE TUTELA ANTECIPADA VEZ QUE O PAGAMENTO DESSE BENEFÍCIO FOI SUSPENSO SEM AMPARO EM LAUDO MÉDICO DEFINITIVO. BENEFÍCIO PREVIDENCIÁRIO QUE VISA ASSEGURAR A SOBREVIVÊNCIA DA AGRAVADA ANTE O SEU CARÁTER ALIMENTAR, CIRCUNSTÂNCIA APTA A AUTORIZAR A ANTECIPAÇÃO DA TUTELA. DECISÃO REFORMADA. AGRAVO PROVIDO. A natureza do trauma e das enfermidades reputadas como inerentes ao quadro da agravante exigem, para análise do direito requestado, parecer médico especializado, dando indispensável suporte à Magistrada de primeiro grau, na estreita aplicação do art. 145 do CPC e seus parágrafos. Para que se dê eficiente suporte ao julgador e se produza a prova pericial adequada, faz-se necessário a nomeação de especialista que seja efetivamente capaz de produzir abalizado parecer,

que se respalda nos seus atributos técnicos e sua expertise, sem os quais a segurança da prova técnica produzida perde a sua força e almejada credibilidade. Necessário ressaltar, que partindo da interpretação a contrário sensu do parágrafo 3º do mencionado dispositivo processual, o magistrado somente poderá desatender ao requisito da escolha e indicação de perito comprovadamente especialista, quando o feito for processado em localidades onde não houver profissionais experts, o que seguramente não se afigura no caso da Comarca de Salvador, plenamente sortida de especialistas na modalidade médica necessária para exame no presente caso, ortopedia."[XIV]

"APELAÇÃO CÍVEL. AÇÃO DE INDENIZAÇÃO. DANO MORAL. USO DO MEDICAMENTO VIOXX. SÍNDROME DE STEVENS-JOHNSON. AGRAVO RETIDO. DECISÃO QUE INDEFERIU A REPETIÇÃO DA PROVA PERICIAL. PERÍCIA REALIZADA POR MÉDICO NÃO ESPECIALISTA NA ÁREA OBJETO DA PERÍCIA. INOBSERVÂNCIA DO DISPOSTO NO ART. 145, § 2º, DO CPC. FALHAS NO LAUDO. NECESSIDADE DE NOVA PERÍCIA. ANULAÇÃO DA SENTENÇA. AGRAVO RETIDO PROVIDO. APELAÇÃO PREJUDICADA."[XV]

Sobre o assunto, e ressaltando que o perito tem o dever de se escusar quando não for especializado, o Superior Tribunal de Justiça já decidiu pela reabertura da fase instrutória para que fosse nomeado novo perito especialista, *in verbis*:

"Processo civil. Previdência privada. Fundação SISTEL. Alegado esvaziamento das reservas de contingência e das reservas especiais do Plano PBS. Hipótese em que se alega que tais reservas foram rateadas e indevidamente utilizadas para distribuição, em dinheiro, de benefícios aos participantes do Plano PBS que optassem por migrar para o Plano Visão. Consequente necessidade de se promover substancial aumento das contribuições dos que não fizeram a migração de planos, a fim de repor o equilíbrio atuarial. Matéria de prova. Determinação de perícia. Confirmação, pelo perito, de seu desconhecimento acerca das técnicas necessárias para promover cálculo atuarial. Questão reputada meramente acessória pelo Tribunal. Reforma do acórdão recorrido. Devolução dos autos à origem para complementação da perícia.

– Na hipótese em que o próprio perito confirma seu desconhecimento acerca das técnicas necessárias à realização de cálculos de avaliação atuarial, e considerando-se que a questão assume grande importância para a decisão da lide, torna-se necessária a nomeação de profissional especializado nessa área do conhecimento, para que complemente o laudo pericial entregue.

– A ausência de impugnação tempestiva da nomeação do perito pelo autor deve ser relativizada em determinadas circunstâncias. Não é possível exigir das partes que sempre saibam, de antemão, quais são exatamente as qualificações técnicas e o alcance dos conhecimentos do perito nomeado.

– É dever do próprio perito escusar-se, de ofício, do encargo que lhe foi atribuído, na hipótese em que seu conhecimento técnico não seja suficiente para realizar o trabalho pericial de forma completa e confiável.

Recurso conhecido e provido para o fim de determinar a reabertura da fase instrutória com a nomeação de novo perito especializado em cálculos atuariais."[XVI]

Nota-se, sem nenhuma dificuldade, que a Lei nº 13.105/2015 reforça a exigência já constante do Código de 1973, incorporando o entendimento jurisprudencial no sentido de que só deve assumir o encargo de perito o profissional que seja comprovadamente especializado na área de conhecimento do objeto da perícia.

A Nomeação do Perito

Ao nomear o perito, o juiz fixará o prazo para a entrega do respectivo laudo, determinando a cientificação do expert e a intimação das partes.

Intimadas da nomeação do perito, as partes poderão, no prazo de 15 (quinze) dias, indicar assistente técnico, apresentar quesitos, e, se for o caso, arguir impedimento ou suspeição.

O perito, por sua vez, ciente de sua nomeação, e entendendo não ser o caso de se escusar (arts. 157 e 467, CPC), deverá, no prazo de 05 (cinco) dias, apresentar: a) proposta de honorários; b) currículo, com comprovação de especialização; e, c) dados profissionais de contato, especialmente o e-mail para o qual serão endereçadas as intimações pessoais. Cumpridas estas exigências pelo perito, as partes serão devidamente intimadas a se manifestarem, oportunidade em que poderão pleitear a redução dos honorários periciais propostos quando se mostrarem excessivos, bem como, requerer a substituição do perito por faltar-lhe conhecimento técnico ou científico no objeto da perícia, o que só poderá ser constatado após tomarem conhecimento de seu currículo (art. 465, §2º, II, CPC).

Vale lembrar que, tal como citado anteriormente, "é dever do próprio perito escusar-se, de ofício, do encargo que lhe foi atribuído, na hipótese em que seu conhecimento técnico não seja suficiente para realizar o trabalho pericial de forma completa e confiável", não sendo "possível exigir das partes que sempre saibam, de antemão, quais são exatamente as qualificações técnicas e o alcance dos conhecimentos do perito nomeado." (REsp nº 957.347/DF).

Nos casos em que o objeto da perícia versar sobre a autenticidade ou a falsidade de documentos, ou tiver natureza médico-legal, o perito será nomeado preferencialmente entre os técnicos dos estabelecimentos oficiais especializados (art. 478, CPC).

Quando a perícia tiver que ser realizada por carta, a nomeação do perito e a indicação dos assistentes técnicos será feita perante o juízo ao qual será requisitada a perícia (art. 465, §6º, CPC).

Perícia Consensual

Além da nomeação do perito pelo juiz, a Lei nº 13.105/2015 passou a permitir que as partes, de comum acordo, escolham o perito que deverá atuar no caso (art. 471). Essa escolha poderá ser feita através de requerimento das partes, se plenamente capazes, e desde que a causa admita autocomposição.

No mesmo momento em que as partes, de comum acordo, escolhem o perito, deverão indicar seus assistentes técnicos e apresentar quesitos.

O trabalho pericial será realizado em local e data previamente agendados, tendo o perito que apresentar seu laudo no prazo fixado pelo juiz, assim como deverão fazer também os assistentes técnicos com seus pareceres.

A perícia consensual não enfraquece a força probante do trabalho, substituindo, para todos os efeitos, a perícia que se realizaria caso o expert fosse nomeado pelo magistrado.

Dos Honorários Periciais

Apresentada a proposta de honorários e oportunizada a manifestação das partes, se o valor proposto se mostrar excessivo poder-se-á pleitear a redução com fundamento nos princípios da razoabilidade e da proporcionalidade, cabendo ao magistrado decidir.

De fato, a proposta de honorários periciais apresentada em valor eventualmente exorbitante, pode acabar inviabilizando ou restringindo o direto de acesso à justiça, o que justifica e legitima a redução. Nesse sentido já se manifestaram nossos tribunais, valendo citar, dentre outras, as seguintes decisões:

"1. AÇÃO DE PRESTAÇÃO DE CONTAS. CESSÃO DE COTAS SOCIAIS. INGRESSO DE SÓCIO EM 2010. DIREITO QUE NASCE APÓS O INGRESSO DO NOVO SÓCIO NA SOCIEDADE. PERÍCIA CONTÁBIL. RESTRIÇÃO DO OBJETO DA PERÍCIA. (...).
2. HONORÁRIOS PERICIAIS. REDUÇÃO. Quanto ao valor dos honorários periciais, a decisão merece reforma. Sem desmerecer o trabalho do i. expert e a sua importância como auxiliar do Juízo afigura-se exacerbado o valor pretendido. É certo que a estipulação de honorários periciais exorbitantes inviabiliza o próprio direito de ação das partes. Importa ressaltar, ainda, que os honorários do perito devem guardar proporcionalidade com a complexidade do trabalho a ser realizado. *In casu*, cuida-se análise de contas de restaurante de médio porte. Assim sendo, impõe-se a redução dos honorários fixados em 6.592,83 UFIRs (R$ 15.000,00) para o valor de R$ 5.000,00, o qual se afigura razoável e justo para remunerar o seu trabalho, para o exercício de 2010. PROVIMENTO PARCIAL DO RECURSO."[XVII]

"AGRAVO DE INSTRUMENTO – AÇÃO DE INDENIZAÇÃO – PERÍCIA CONTÁBIL – HONORÁRIOS PERICIAIS – PROPORCIONALIDADE E RAZOABILIDADE – VALOR EXORBITANTE – REDUÇÃO DEVIDA – RECURSO PROVIDO. – Os honorários periciais devem ser arbitrados pelo Julgador segundo a natureza, a complexidade e o tempo exigido para a realização dos trabalhos, observando-se os critérios da razoabilidade e da proporcionalidade."[XVIII]

"ACIDENTE DO TRABALHO. HONORÁRIOS PERICIAIS. VALOR REPUTADO EXORBITANTE. VERBA REDUZIDA A MONTANTE RAZOÁVEL. Os honorários periciais fixados pelo juiz da causa podem ser reduzidos em segunda instância, se não foram observados adequadamente a natureza da causa, sua complexidade, valor, dificuldade, o tempo despendido para sua realização e a qualificação do signatário."[XIX]

Uma vez reduzido o valor dos honorários periciais, é certo que o perito nomeado não pode ser compelido à realização do ofício, sendo justa sua eventual recusa. Nesta hipótese, caberá ao magistrado a nomeação de outro perito para o encargo. Nesse sentido, *in verbis*:

"AGRAVO DE INSTRUMENTO. DIREITO PROCESSUAL CIVIL. HONORÁRIOS PERICIAIS. VALOR EXORBITANTE. REDUÇÃO. POSSIBILIDADE. I – O arbitramento dos honorários do perito deve levar em consideração o zelo profissional, o lugar da prestação do serviço, o tempo exigido para a sua execução e a importância para a causa. II – Verificada a exorbitância dos referidos honorários, é cabível a redução da verba para adequá-la aos critérios legais, não estando, contudo, o profissional obrigado a realizar a perícia pelo valor da remuneração fixada, devendo, nesse caso, declinar do encargo para que o magistrado proceda à nomeação de outro perito judicial. III – Deu-se provimento ao recurso."[XX]

Com efeito, o artigo 468 do Código de Processo Civil não limita a atividade do juiz quanto à substituição do perito. Assim, caso o expert não concorde com a redução dos honorários propostos, o juiz poderá substituí-lo. Confira-se, *in verbis*:

"PERITO. FIXAÇÃO DE HONORÁRIOS. HONORÁRIOS CONSIDERADOS ONEROSOS. SUBSTITUIÇÃO POR OUTRO PERITO. PROVA PERICIAL CONSIDERADA IMPRESCINDÍVEL.

Não está o magistrado, reputando imprescindível ao julgamento da lide a realização da prova pericial, impedido de substituir o perito diante de honorários considerados onerosos. A regra do art. 424 do CPC não limita a atividade jurisdicional neste aspecto. Seria contrária ao senso comum admitir que a fixação de honorários considerados onerosos, fosse causa impeditiva da substituição do perito por outro com honorários compatíveis.

RECURSO ESPECIALNÃO CONHECIDO."[XXI]

"AGRAVO DE INSTRUMENTO – Execução – Avaliação de imóveis penhorados – Fixação dos honorários antes da apresentação do laudo: descabimento – Legalidade do adiantamento em garantia dos honorários periciais que devem ser fixados a vista do laudo – CPC, art. 33, § Único – Valor arbitrado em consideração da estimativa do perito – Aceitação da estimativa que indica ser o serviço bem conhecido do louvado – Redução de R$3.700,00 para R$ 2.700,00 sob o fundamento de que é só de avaliação que se trata: fundamentação que não convence – Fixação dos honorários em R$1.880,00 mínimo da tabela do IBAPE – Substituição do perito se não for aceito o valor aqui arbitrado – Agravo provido."[XXII]

Fixado o valor dos honorários periciais, a parte que requereu a produção da prova pericial deverá adiantar o recolhimento da referida importância. Esse montante será rateado entre as partes quando a prova pericial for determinada de ofício, ou requerida por ambas (art. 95, CPC).

A parte poderá requerer ao juiz que autorize o recolhimento dos honorários periciais em duas parcelas correspondentes a 50% (cinquenta por cento) cada uma, sendo a primeira no início dos trabalhos, e a última após o perito entregar do laudo e prestar todos os respectivos esclarecimentos (art. 465, §4º, CPC).

Quanto ao levantamento dos honorários periciais, mais adiante, ao tratarmos da deficiência do trabalho pericial[xxiii], abordaremos hipóteses que acarretam o indeferimento do levantamento integral do valor arbitrado.

3.3.2.1. Prova Pericial e o Beneficiário da Justiça Gratuita

Nos processos em que a parte é beneficiada pela gratuidade da justiça, a prova pericial poderá ser realizada: a) por servidor do Poder Judiciário ou por órgão público conveniado; ou, b) por particulares. Será custeada, no primeiro caso, com recursos alocados no orçamento do ente público; e no segundo, com recursos alocados no orçamento da União, do Estado ou do Distrito Federal, sendo seu valor fixado conforme tabela do tribunal respectivo ou, em caso de sua omissão, do Conselho Nacional de Justiça (art. 95, §3º, CPC). Destaque-se que é vedado o uso de recursos do fundo de custeio da Defensoria Pública para realização de prova pericial (art. 95, §5º, CPC).

Após o trânsito em julgado da decisão final, o magistrado oficiará a Fazenda Pública para que promova, contra quem tiver sido condenado ao pagamento das despesas processuais, a execução dos valores gastos com a perícia particular ou com a utilização de servidor ou estrutura de órgão público. Caso o responsável pelo pagamento das despesas seja beneficiário de gratuidade da justiça, observar-se-á o disposto no artigo 98, §§ 2º e 3º, do Código de Processo Civil.

Recusa ao Perito

Intimadas da nomeação do perito, e não tendo este se escusado, as partes poderão, se for o caso, arguir seu impedimento (art. 144, CPC) ou suspeição (art. 145, CPC) no prazo de quinze dias (arts. 148, II; 465, §1º e 467, CPC).

As partes também poderão, no prazo de cinco dias, recusar o perito sob o argumento de que ele não possui conhecimento técnico ou científico para a realização da perícia, o que poderá ser constatado a partir da análise de seu currículo e respectivas especializações, pois como já visto, o legislador foi expresso, e até repetitivo, ao exigir que a nomeação do expert considere sua especialização quanto ao objeto da perícia.

Atente-se que eventual ausência de impugnação tempestiva ao perito por faltar-lhe capacitação técnica ou científica deve ser relativizada, pois como já entendeu o Superior Tribunal de Justiça "não é possível exigir das partes que sempre saibam, de antemão, quais são exatamente as qualificações técnicas e o alcance dos conhecimentos do perito nomeado." (REsp nº 957.347/DF).

Julgando procedente a impugnação, seja por impedimento ou suspeição, ou ainda por falta de conhecimento técnico ou científico, o magistrado nomeará outro perito (art. 467, par. ún., e art. 468, I, CPC).

Quesitos e Assistente Técnico

Já vimos que pelo artigo 465, §1º, do Código de Processo Civil, com a intimação da nomeação do perito as partes deverão, no prazo de 15 (quinze) dias, indicar assistentes técnicos a apresentar quesitos. Por serem profissionais de confiança das partes é óbvio que os assistentes técnicos não podem ser alvos de arguição de suspeição ou impedimento, mas apesar dessa obviedade, o legislador preferiu deixar expressa tal situação (art. 466, §1º, CPC).

Entendemos que esse prazo não é preclusivo, de modo que, enquanto não iniciados os trabalhos do perito, as partes poderão indicar seus assistentes técnicos e apresentar quesitos. Disposição semelhante já era encontrada no Código de 1973[XXIV], porém com prazo menor (cinco dias), tendo a jurisprudência se firmado no sentido de que não se opera a preclusão, *in verbis*:

"AGRAVO REGIMENTAL NO AGRAVO EM RECURSO ESPECIAL. PRAZO PARA APRESENTAÇÃO DE QUESITOS E ASSISTENTE TÉCNICO. AUSÊNCIA DE PRECLUSÃO. SÚMULA 83/STJ. RECURSO NÃO PROVIDO.

De acordo com firme jurisprudência do Superior Tribunal de Justiça, o prazo para indicação do assistente técnico e formulação de quesitos não é preclusivo, de modo que podem ser feitos após o prazo de 5 (cinco) dias previsto no art. 421, § 1º, do CPC, desde que antes do início dos trabalhos periciais.

O enunciado da Súmula 83/STJ se aplica indistintamente aos recursos especiais fundados nas alíneas "a" e "c" do art. 105 da Constituição Federal.

Agravo regimental não provido."[XXV]

Apresentados os quesitos pelas partes, o juiz os analisará podendo, de ofício ou a requerimento, indeferir os que reputar impertinentes. Desta forma, admitida a possibilidade de as partes apresentarem quesitos após o prazo do artigo 465, §1º, e desde que antes de iniciados os trabalhos periciais, acreditamos que o perito só poderá respondê-los depois de deferidos pelo magistrado (art. 470, CPC). Além dos quesitos das partes já deferidos, no laudo o perito deverá responder também os quesitos eventualmente formulados pelo juiz (art. 470, II, CPC).

Quanto aos quesitos suplementares, poderão ser apresentados pelas partes durante a diligência, não estando o perito obrigado a respondê-los no laudo, haja vista que o artigo 469 autoriza a apresentação dessas respostas apenas na audiência de instrução e julgamento.

Com efeito, considerando que os quesitos suplementares são apresentados durante o trabalho pericial, para respondê-los previamente – no laudo – o perito carecerá da aprovação do magistrado quanto àqueles possivelmente impertinentes. Assim, caso o perito não esteja certo quanto à pertinência desses quesitos suplementares é prudente que opte por respondê-los somente em audiência, após a aprovação dos mesmos pelo juiz (art. 470, I, CPC).

Por fim, vale observar que nas perícias mais complexas, que abrangem mais de uma área do conhecimento, o juiz pode nomear mais de um perito, caso em que às partes também é facultada a indicação de mais de um assistente técnico.

Realização do Trabalho Pericial

Com total zelo e diligência (art. 157, CPC) o perito – ou órgão – cumprirá escrupulosamente o encargo que lhe foi cometido (art. 466, CPC), devendo concluir seus trabalhos dentro do prazo fixado pelo juiz, incluída sua eventual prorrogação (art. 476, CPC). Não é demais lembrar que, além de outras sanções, o perito judicial poderá ser responsabilizado pelos prejuízos que vier a causar às partes na hipótese de prestar informações inverídicas por culpa ou dolo (art. 158, CPC).

As partes serão intimadas do local e da data de início da perícia, que serão fixados pelo juiz ou indicados pelo perito, incumbindo a este o dever de comunicar, com antecedência mínima de 05 (cinco) dias, todas as diligências e exames que tiver que realizar, garantindo aos assistentes técnicos total acesso e acompanhamento dos trabalhos periciais.

Aos peritos e assistentes técnicos é facultada a utilização "de todos os meios necessários" para o desempenho de suas funções, ouvindo testemunhas, obtendo informações, solicitando documentos que estejam em poder da parte, de terceiros ou em repartições públicas, bem como instruir o laudo com planilhas, mapas, plantas, desenhos, fotografias ou outros elementos necessários ao esclarecimento do objeto da perícia (art. 473, §3º, CPC).

O perito não pode ultrapassar os limites de seu encargo, sendo vedada a apresentação de opiniões pessoais que excedam ao que é travejado pelo exame técnico ou científico do objeto da perícia (art. 473, §2º, CPC).

Se a natureza da perícia for médico-legal, ou tiver a finalidade de verificação da autenticidade ou falsidade de documento, para o encargo de perito juiz dará preferência aos profissionais dos estabelecimentos oficiais especializados, casos em que autorizará a remessa dos autos, bem como do material sujeito a exame, aos cuidados dos respectivos diretores.

Quando o exame tiver por objeto a autenticidade da letra e da firma, o perito poderá requisitar, para efeito de comparação, documentos existentes em repartições públicas e, na falta destes, poderá requerer ao juiz que a pessoa a quem se atribuir a autoria do documento lance em folha de papel, por cópia ou sob ditado, dizeres diferentes, para fins de comparação.

Não cumprido, sem justo motivo, o encargo no prazo assinado pelo juiz, o perito será substituído (art. 468, II, CPC), devendo o juiz comunicar tal ocorrência à corporação profissional respectiva, podendo impor multa ao perito, fixada com base no valor da causa e o possível prejuízo decorrente do atraso no processo (art. 468, §1º, CPC). O perito substituído deverá restituir, no prazo de 15 (quinze) dias, os valores eventualmente já recebidos pelo trabalho não realizado, sob pena de ficar impedido de atuar como perito judicial pelo prazo de 5 (cinco) anos (art. 468, §2º, CPC). Não ocorrendo a restituição de forma voluntária a parte que tiver realizado o adiantamento dos honorários periciais poderá promover execução contra o perito, na forma de cumprimento de sentença (art. 513, CPC), com fundamento na decisão que determinar a devolução do numerário (art. 468, §3º, CPC).

O Laudo Pericial

O laudo deverá ser entregue no prazo fixado pelo juiz, com pelo menos 20 (vinte) dias de antecedência à data da audiência de instrução e julgamento (art. 477, CPC). Havendo justo motivo, o perito poderá requerer ao juiz, uma única vez, a prorrogação do prazo para entrega do laudo, o que não excederá a metade do prazo originariamente assinado (art. 476, CPC).

Ainda que a parte seja beneficiada pela gratuidade da justiça, e a perícia fique a cargo de órgãos e repartições oficiais, o Código de Processo Civil não flexibiliza o prazo para cumprimento do encargo, devendo a determinação judicial para realização da perícia ser cumprida "com preferência, no prazo estabelecido" (art. 478, §1º, CPC). Ou seja, caberá aos referidos órgãos e repartições oficiais, dentre as suas atividades, darem preferência à realização da perícia de modo a concluí-la dentro do prazo judicialmente estabelecido. Neste caso – perícia realizada por órgãos e repartições oficiais – a eventual prorrogação do prazo (art. 478, §2º, CPC) também deverá observar o limite do artigo 476.

Dispondo sobre a estruturação do laudo pericial, o artigo 473 do Código de Processo Civil exige que o perito judicial apresente:

a) a exposição do objeto da perícia – trata-se de uma explanação clara do perito sobre os elementos que integram o objeto da perícia, inclusive destacando as principais questões a serem esclarecidas pelo trabalho pericial.

b) a análise técnica ou científica realizada – o perito deve relatar detalhadamente e através de linguagem simples como desenvolveu o trabalho técnico ou científico, de modo a permitir que o juiz, as partes e o Ministério Público compreendam todos os fundamentos que o levaram a uma determinada conclusão.

c) a indicação do método utilizado, esclarecendo-o e demonstrando ser predominantemente aceito pelos especialistas da área do conhecimento da qual se originou – além de relatar a "análise técnica ou científica realizada", deve o perito indicar e esclarecer qual método utilizou para alcançar suas conclusões, comprovando que tal metodologia é a predominantemente aceita pelos especialistas dessa área do saber.

d) respostas conclusivas a todos os quesitos apresentados pelo juiz, pelas partes e pelo órgão do Ministério Público – no laudo o perito tem o dever de apresentar "respostas conclusivas" a todos os quesitos apresentados pelo juiz, pelas partes e pelo Ministério Público. Somente não deverá responder aos quesitos impertinentes indeferidos pelo magistrado. Também não terá o dever de apresentar, no laudo, respostas aos quesitos suplementares formulados pelas partes durante o trabalho pericial, podendo optar por respondê-los apenas na audiência de instrução e julgamento (art. 469, CPC) [XXVI].

Note-se que o artigo 473, IV, do Código de Processo Civil é expresso ao cobrar do perito "respostas conclusivas", não se admitindo que quesitos sejam respondidos sem a devida fundamentação, como ocorre, por exemplo, quando o expert se limita a responder apenas "sim", "não" ou "prejudicado".

Em pesquisa jurisprudencial é possível observar que, não é raro alguns peritos deixarem de responder quesitos. Em muitos casos, mas não todos, esse vício pode ser sanado com a mera intimação do expert para complementação do laudo. Contudo, há situações em que as respostas intempestivas dependerão, indispensavelmente, da realização de nova perícia.

Um dos principais objetivos que norteiam o trabalho pericial é encontrar "respostas conclusivas" para os quesitos formulados pelas partes, pelo juiz e pelo Ministério Público. Naturalmente, ao iniciar seus trabalhos o expert se debruça sobre o objeto da perícia almejando responder tudo que lhe foi indagado. Ora, uma vez que já foram concluídas as diligências do perito e ele deixou de responder os quesitos, pressupõe-se que durante o exame pericial não dedicou a devida atenção à obtenção das respostas esperadas e necessárias, de modo que a mera apresentação intempestiva das mesmas poderá ser prejudicial às partes, bem como comprometer a segurança e o resultado útil do processo.

Com efeito, dependendo do caso, não se pode admitir que o laudo insuficiente ou lacônico, por ausência de manifestação quanto aos quesitos, possa ser apenas complementado com respostas tardias, as quais certamente não decorrerão do atento e diligente exame do objeto da perícia (art. 480, CPC). Confira-se, *in verbis*:

"Perícia insubsistente, persistindo dúvidas a respeito de existência ou não de lesão incapacitante para o trabalho. Quesitos das partes não respondidos. Conversão do julgamento em diligência para a vinda de documentos e realização de nova perícia."[XXVII]

No julgamento do caso acima citado, o Desembargador Relator bem destacou o dever dos peritos responderem os quesitos, *in verbis*:

"(...).Diante desse quadro, submetido a perícia judicial, o expert nomeado, sem se aprofundar na análise dos exames realizados e também sem trazer resposta aos quesitos apresentados, concluiu, em resumo, que a existência da exposição ao ruído a que o examinando se submetia, 'não vem modificar o diagnóstico da disacusia que apresenta, uma presbiacusia, patologia auditiva degenerativa que não está relacionada com a exposição ao ruído e portanto, não podendo ser tecido o nexo causal', como pretende o autor e assim, 'nada há a indenizar do ponto de vista acidentário' no âmbito da perícia realizada (fls.72/75).

Ora, a perícia realizada é insubsistente para se firmar com base nela um juízo de certeza ou dele aproximam-te, não tendo, também, feito qualquer referência ou comentários aos quesitos apresentados, o que chega a ser inaceitável, pois o perito deve sempre responder os quesitos, não sendo, também, de boa feitura, em vez de respondê-los, apenas se reportar ao laudo pericial.

Dessa forma, nova perícia deve ser realizada, nomeando-se novo perito judicial para tal, o qual deverá trazer aos autos uma análise melhor sobre os problemas auditivos do autor, respondendo inclusive os quesitos pertinentes dentre aqueles excessivos trazidos pelas partes (fls.7/9 e 51/53), bem como estabelecer a data provável da eclosão das supostas moléstias auditivas. (...)"

Em todas as etapas do laudo, inclusive ao responder quesitos, "o perito deve apresentar sua fundamentação em linguagem simples e com coerência lógica, indicando como alcançou suas conclusões" (art. 473, §1º, CPC).

Apresentado o laudo, o juiz determinará a intimação das partes para se manifestarem em 15 (quinze) dias, prazo em que poderão ser apresentados os pareceres de seus assistentes técnicos (art. 477, §1º, CPC).

Havendo divergências ou dúvidas das partes, do juiz, do Ministério Público, ou ainda, se houver pontos divergentes entre os pareceres técnicos e o laudo pericial, o perito judicial deverá, no prazo de 15 (quinze) dias, apresentar os devidos esclarecimentos (art. 477, §2º, CPC) em linguagem simples e com a devida fundamentação.

Se após esses esclarecimentos ainda houver dúvida ou divergência, a parte poderá requerer ao juiz a intimação do perito ou assistente técnico para comparecimento à audiência de instrução e julgamento, na qual deverão responder os quesitos que forem apresentados juntamente com tal requerimento (art. 477, §3º, CPC). Essa intimação se realizará por e-mail, com pelo menos 10 (dez) dias de antecedência da audiência (art. 473, §4º, CPC).

Perícia Deficiente ou Inconclusiva

Inúmeros fatores podem acarretar a insuficiência do trabalho pericial e respectivo laudo, como, por exemplo, a ausência de respostas a quesitos, a falta de fundamentação, e o não esclarecimento das principais questões que envolvem o objeto da perícia. A título de ilustração, vejamos alguns casos:

"PREVIDENCIÁRIO. AUXÍLIO-DOENÇA. APOSENTADORIA POR INVALIDEZ. LAUDO PERICIAL INSUFICIENTE. SENTENÇA ANULADA. Quando a perícia judicial não cumpre os pressupostos mínimos de idoneidade da prova técnica, ela é produzida, na verdade, de maneira a furtar do magistrado o poder de decisão, porque respostas periciais categóricas, porém sem qualquer fundamentação, revestem um elemento autoritário que contribui para o que se chama decisionismo processual. Hipótese em que foi anulada a sentença para a realização de nova prova pericial."[XXVIII]

"APELAÇÕES CÍVEIS. AÇÃO INDENIZATÓRIA. ERRO MÉDICO. ALEGAÇÃO DE ERRO NO USO DE FÓRCEPS. INFANTE QUE RESTOU COM GRAVES LESÕES NEUROLÓGICAS. LAUDO PERICIAL INSUFICIENTE. NECESSIDADE DE REALIZAÇÃO DE PROVA COMPLEMENTAR POR ESPECIALISTA NA ÁREA DE OBSTETRÍCIA. DESCONSTITUIÇÃO DO ATO SENTENCIAL. Insuficientes os elementos de convicção para um juízo definitivo sobre a correção ou não no uso de fórceps para o nascimento do autor Gabriel, o qual restou com graves sequelas neurológicas em razão de fratura craniana no momento do procedimento, faz-se necessária a complementação da prova pericial realizada por neurologista, o qual deixou de responder quesitos formulados para se inferir como se deu o uso da referida ferramenta médica, devendo ser nomeado especialista na área obstetrícia para tal. Aplicação do disposto nos artigos 437 e 438 do CPC. Sentença desconstituída. SENTENÇA DESCONSTITUÍDA. RECURSOS PREJUDICADOS."[XXIX]

"PREVIDENCIÁRIO. AUXÍLIO DOENÇA. SENTENÇA IMPROCEDENTE. LAUDO PERICIAL INSUFICIENTE, IMPOSSIBILITANDO O EXAME DA PRESENÇA DOS REQUISITOS PARA O BENEFÍCIO. SENTENÇA ANULADA. APELAÇÃO DA AUTORA PREJUDICADO. 1. (...). 3. O laudo pericial pouco esclarece sobre a situação da autora, notadamente: a) provável data do início das doenças; b) se incapacitantes, qual o início da incapacidade; c) se há eventual possibilidade de reabilitação profissional para exercício de outra atividade. O perito não se convenceu acerca da existência das doenças alegadas. Ademais, dada a natureza das enfermidades apontadas, afirma que seria conveniente o pronunciamento de um especialista (psiquiatra).

4. Considerando a demora na tramitação do feito e, ainda, que, não obstante sua imperfeição, o exame pericial aponta, aparentemente, para a incapacidade laborativa, determino ao INSS que implante, a favor do autor, provisoriamente, o auxílio-doença, cuja concessão poderá ser revista após a realização de nova perícia. 5. Apelação da parte autora prejudicada. Sentença anulada, de ofício, com o retorno dos autos à Vara de Origem, para a realização da perícia adequada, após o que, observadas as formalidades legais, deve ser proferida nova sentença, concedendo ou negando o benefício."[XXX]

"Apelação – Ação indenizatória por danos materiais e morais (estéticos) – Erro médico – Laudo pericial lacônico – Respostas vagas e imprecisas aos quesitos formulados pelas partes – Imprescindibilidade de realização de nova perícia (art. 437, segunda parte, CPC), igualmente pelo IMESC (e em regime de urgência), sob pena de impossibilidade de compreensão e decisão da questão de fundo – Anulação da r. sentença devida – Recurso provido."[XXXI]

"APELAÇÃO. DESAPROPRIAÇÃO LAUDO PERICIAL INSUFICIENTE. DISCREPÂNCIA DE VALORES. NULIDADE DO DECISÓRIO. CABIMENTO. Apresentando o Perito Judicial laudo que não esclarece suficientemente as questões necessárias ao exame do mérito, de cunho eminentemente técnico, deixando quesitos sem resposta, resultando-se pela evidente discrepância de valores em prejuízo ao ente público, determina-se a realização de nova prova, em observância às formalidades pertinentes. Decisão reformada. Recurso da expropriante provido; prejudicado o do coexpropriado Banco do Brasil S/A."[XXXII]

"DANOS MATERIAL E MORAL INDENIZAÇÃO – LAUDO PERICIAL NÃO ESCLARECE AS QUESTÕES PRINCIPAIS – PRONTUÁRIO ODONTOLÓGICO NÃO FAZ REFERÊNCIA A PRÓTESE – OBRIGAÇÃO DO DENTISTA DE POSSUIR FICHA CLÍNICA COM ANOTAÇÕES PORMENORIZADAS DO TRATAMENTO MINISTRADO AO CLIENTE DESORGANIZAÇÃO DO CONSULTÓRIO DA RÉ QUE CORROBORAM COM AS ALEGAÇÕES ARTICULADAS NA INICIAL – INVERSÃO DO ÔNUS DA PROVA – APELO DESPROVIDO"[XXXIII]

Caso o perito não atenda às exigências legais para o exercício de suas funções e disto resulte uma perícia deficiente ou inconclusiva, o juiz poderá reduzir os honorários periciais inicialmente arbitrados.

Apesar de o artigo 465, §5º, do Código de Processo Civil dizer que "o juiz poderá" reduzir a remuneração do perito, cremos que a interpretação sistemática implica a conclusão de que a redução dos honorários periciais é de rigor. Com efeito, não tendo desempenhado seu ofício como deveria, já que a perícia foi reputada deficiente ou inconclusiva, o recebimento do valor integral dos honorários periciais caracteriza enriquecimento ilícito, mormente pelo fato de que para a realização de nova perícia outros honorários deverão ser pagos pela parte, que acabaria sendo onerada excessivamente.

Cremos, inclusive, que o juiz pode até mesmo indeferir o levantamento de qualquer valor pelo perito quando a prova pericial for declarada nula por sua culpa. É o caso, por exemplo, do perito que, não observando seus deveres de zelo e diligência, realiza a perícia de forma desidiosa e apresenta um laudo deficiente com conclusões parcas, que nem mesmo após os esclarecimentos é possível a valoração da prova pelo magistrado. Nesse sentido, in verbis:

> "AGRAVO DE INSTRUMENTO – PERÍCIA DECLARADA NULA POR CULPA EXCLUSIVA DO PERITO – AUTORIZAÇÃO PARA LEVANTAMENTO PARCIAL DOS HONORÁRIOS PERICIAIS – IMPOSSIBILIDADE. – Se a prova pericial foi declarada nula por culpa exclusiva do expert, nenhum efeito desta pode ser percebido, não se justificando, desse modo, o pagamento dos honorários periciais com relação a esta prova. O perito, por sua culpa, não realizou o serviço que consistia na realização de uma prova apta a auxiliar o juízo no julgamento da demanda, pelo que não merece receber a devida contraprestação."[XXXIV]

Nova Perícia

Caracterizada a deficiência da perícia, retratada por um laudo lacônico ou inconclusivo, o juiz determinará, de ofício, ou a requerimento da parte, a realização de nova perícia (art. 480, CPC), que será regida pelas mesmas disposições estabelecidas para a perícia que a antecedeu (art. 480, §2º, CPC).

A segunda perícia terá por objeto os mesmos fatos sobre os quais recaiu a primeira, suprindo omissões ou corrigindo inexatidões dos resultados decorrentes do trabalho pericial anterior (art. 480, §1º, CPC).

Nos termos do artigo 480, §3º, "a segunda perícia não substituirá a primeira, cabendo ao juiz apreciar o valor de uma e de outra". Pensamos que a aplicação desta regra somente será possível quando os vícios forem sanáveis. Afinal, se o trabalho pericial vier a ser considerado nulo, não há como se cogitar sua valoração pelo magistrado, hipótese na qual a segunda perícia certamente é realizada em substituição à primeira.

Se o perito não conseguiu realizar seu trabalho técnico ou científico de modo a elucidar todas as questões sobre o objeto da perícia, concluir-se-á, que além da necessidade de nova perícia (art. 480, CPC), esta deverá ser realizada por outro perito, pois resta evidente que, ainda que especializado no objeto da perícia, faltou-lhe conhecimentos para tanto (art. 468, I, CPC).

Vimos que inúmeras disposições regram a forma de realização do trabalho pericial e confecção do respectivo laudo, possibilitada, inclusive, a determinação de nova perícia e por outro perito, se assim for o caso. Isto, consequentemente, resulta a conclusão de que dependendo dos vícios que comprometem o trabalho pericial, este pode ser considerado nulo.

A Lei nº 13.105/2015 mostra-se mais preocupada com a forma dos atos processuais, ou seja, com o atendimento das normas pelas quais o legislador preconcebeu a finalidade do ato. Entretanto, admite-se que mesmo não observada a forma para materialização do ato processual, será considerado válido se a sua finalidade for atingida sem trazer prejuízo às partes.

No âmbito da prova pericial, a finalidade do ato – perícia – é a elucidação de todas as questões técnicas ou científicas por perito judicial especializado no objeto da perícia, incumbido de exercer o encargo escrupulosamente, com zelo e diligência, cujo laudo deverá ser redigido em linguagem simples e plenamente fundamentado, com respostas conclusivas a todos os quesitos, e fornecendo às partes, ao juiz, aos assistentes técnicos e ao Ministério Público, os esclarecimentos necessários relativos ao objeto da perícia. Consequentemente, não observada a forma legalmente prevista, e não se atingindo a finalidade da perícia, esta não poderá ser considerada válida, sendo de rigor a determinação de perícia substitutiva, que deverá ser realizada por outro perito.

Reexame das Decisões

Do que foi visto, pudemos observar que várias decisões são proferidas durante a produção da prova pericial. Porém, qualquer que seja o conteúdo dessas decisões, não desafiam agravo de instrumento, por expressa ausência de previsão legal (art. 1.015, CPC). Como já tivemos a oportunidade de expor "a Lei nº 13.105/2015 taxou as hipóteses de cabimento do agravo de instrumento, inviabilizando, consequentemente, a interposição desse recurso contra decisões interlocutórias proferidas sobre outros assuntos."[XXXV]

Entretanto, ressalvada a possibilidade de impetrar mandado de segurança, a parte poderá, quando da interposição do recurso de apelação, ou em contrarrazões, em preliminar, suscitar as questões decididas e não agraváveis (art. 1.009, §1º, CPC), submetendo-as ao reexame pelo tribunal.

Por outro lado, quando a produção da prova pericial for realizada antecipadamente (arts. 381/383, CPC), o artigo 382, §4º, do Código de Processo Civil, estabelece que nesse procedimento não se admite defesa ou recursos, salvo contra a decisão que indeferir totalmente a produção da prova pericial pelo requerente originário. Provavelmente, ao assim dispor, o legislador considerou que nesse procedimento não se discute o mérito da questão que envolve a prova produzida antecipadamente, o que justificaria vedar a apresentação de defesa ou a interposição de recursos.

Ocorre que para a produção antecipada da prova, qualquer que seja ela (pericial, oitiva de testemunha, etc.), várias normas devem ser observadas, inclusive pelo magistrado, cujas decisões não desafiam agravo de instrumento. Assim, por não haver no procedimento de antecipação de provas espaço para recurso de apelação (art. 382, §4º, CPC), a parte que se sentir lesada pela decisão interlocutória não poderá, suscitar a respectiva questão (art. 1.009, §1º, CPC), o que nos parece ferir princípios processuais constitucionais, haja vista que a decisão singular de primeiro grau de jurisdição será, por si só, imutável.

Nesse contexto, considerando nossa posição já apresentada noutra ocasião [XXXVI], entendemos que a parte lesada pela decisão interlocutória irrecorrível poderá impetrar mandado de segurança. Confira-se, *in verbis*:

"PROCESSUAL CIVIL. RECURSO ORDINÁRIO EM MANDADO DE SEGURANÇA. IMPETRAÇÃO CONTRA DESPACHO. AUSÊNCIA DE RECURSO CABÍVEL. INAPLICABILIDADE DA SÚMULA Nº 267 DO STF. TERCEIRO INTERESSADO. SÚMULA Nº 202 DO STJ. INAPLICABILIDADE DA TEORIA DA CAUSA MADURA AO RECURSO ORDINÁRIO. RECURSO PROVIDO.

Não há previsão no ordenamento jurídico de recurso contra despachos. É, portanto, cabível a impetração de mandado de segurança. Hipótese em que deve ser afastado o entendimento da Súmula nº 267 do STF.

(...).

Recurso ordinário provido, para anular o acórdão recorrido, determinando que o Tribunal de Justiça de São Paulo conheça da impetração e sobre ela decida."[XXXVII]

"RECURSO ORDINÁRIO EM MANDADO DE SEGURANÇA – DESPACHO – INEXISTÊNCIA DE RECURSO PRÓPRIO – MANDADO DE SEGURANÇA – CABIMENTO – ACESSO AOS AUTOS – VISTA FORA DE CARTÓRIO – PRERROGATIVA DO ADVOGADO – LEGITMIDADE – AUSÊNCIA DE SIGILO – GARANTIA DO ESTATUTO DA OAB E DO CÓDIGO DE PROCESSO CIVIL – RECURSO PROVIDO.

(...)

O ato judicial que determinou a remessa dos autos ao Tribunal de Justiça tem natureza de despacho, porquanto conferiu andamento ao processo. Nesse contexto, inexistindo recurso próprio para discutir o referido ato judicial (art. 504, do CPC), cabível o manejo de mandado de segurança. Escólio doutrinário. (...)"[XXXVIII]

5. Aplicabilidade das Normas de Direito Probatório da Lei Nº 13.105/2015

Ponto importante a ser destacado é que mesmo já tendo entrado em vigor, as normas de direito probatório constantes da Lei nº 13.105/2015 não são aplicadas às provas requeridas ou determinadas de ofício antes do início de sua vigência. É o que dispõe o artigo 1.047, *in verbis*:

"Art. 1.047. As disposições de direito probatório adotadas neste Código aplicam-se apenas às provas requeridas ou determinadas de ofício a partir da data de início de sua vigência."

Observe-se que não é a data da propositura da ação que determina quais são as normas de direito probatório aplicáveis, mas sim o momento que a que prova foi requerida pelas partes ou determinada de ofício pelo juiz. Assim, ainda que fase instrutória seja reaberta na vigência da Lei nº 13.105/2015, caso a prova tenha sido requerida ou determinada de ofício na vigência do Código de 1973, é este que regerá a respectiva produção.

Conclusões

Tudo que foi anteriormente exposto demonstra a importância da prova pericial, pois em vários casos o juiz estará diante de fatos que versam sobre questões técnicas ou científicas, cujo conhecimento não possui ou não domina, necessitando ser auxiliado por um perito especializado na respectiva área.

Como auxiliar da justiça, só poderá ser nomeado perito o profissional especializado na área de conhecimento do objeto da perícia, devendo apresentar seu currículo com prova da especialização. A exigência da efetiva especialização é mais do que adequada, pois em muitos casos o perito nomeado estará incumbido de examinar atos e procedimentos realizados por outros profissionais também especializados. Desta forma, seria absolutamente incoerente que um profissional, não especialista na área do objeto da perícia, seja nomeado para auxiliar o magistrado.

Para que a perícia atinja sua finalidade de levar aos autos do processo todos os esclarecimentos necessários à compreensão da matéria, viabilizando a valoração da respectiva prova, todas as regras que disciplinam a forma do ato devem ser escrupulosamente observadas, sob pena do trabalho pericial e respectivo laudo serem considerados insuficientes e lacônicos, acarretando a invalidade.

A Lei nº 13.105/2015 – "Novo Código de Processo Civil" – trouxe inúmeras inovações no âmbito da produção de prova pericial, e ao incorporar vários entendimentos jurisprudenciais adotados na vigência o código revogado, enriqueceu a legislação e afastou a possibilidade de discussões muitas vezes infundadas, e que tinham como origem a falta de um regramento mais minucioso.

CAPÍTULO 2

TEORIA SOBRE A ESCRITA

1   ORIGEM DA ESCRITA

A escrita consiste na utilização de sinais (símbolos) para exprimir as ideias humanas. A grafia é uma tecnologia de comunicação, historicamente criada e desenvolvida na sociedade humana, e basicamente consiste em registrar marcas em um suporte. O(s) instrumento(s) usados para se escrever e os suportes em que ela é registrada podem, em princípio, ser infinitos.

Embora, tradicionalmente, conceba-se que a escrita tem durabilidade enquanto a fala seria mais "volátil", os instrumentos, suportes, formas de circulação, bem como a função comunicativa do texto escrito, são determinantes para sua durabilidade ou não.

Como meio de representação, a escrita é uma codificação sistemática de sinais gráficos que permite registrar com grande precisão a linguagem falada por meio de sinais visuais regularmente dispostos; óbvia exceção a esta regra é a bastante moderna escrita Braille, cujos sinais são táteis.

A escrita se diferencia dos pictogramas em que estes não só têm uma estrutura sequencial linear evidente.

Existem dois principais tipos de escrita, a baseada em ideogramas, que representa conceitos, e a baseada em grafemas, que representam a percepção de sons ou grupos de sons; um tipo de escrita baseada em grafemas é a alfabética.

As escritas hieroglíficas são as mais antigas das escritas propriamente ditas (por exemplo; a escrita cuneiforme foi primeiramente

43

hieroglífica até que certos hieróglifos obtiveram um valor fonético) e se observam como uma transição entre os pictogramas e os ideogramas.

Nos tempos modernos a escrita hieroglífica tem sido deixada de lado, existindo então atualmente dois conjuntos de escritas principais: as baseadas em grafemas (isto é, escritas cujos sinais representam a percepção de sons) e escritas ideogrâmicas (isto é, escritas cujos sinais representam conceitos, "ideias").

Do primeiro conjunto, o das escritas grafêmicas destacam, segundo a extensão atual de seu uso, as escritas românicas (baseadas no alfabeto latino), arábicas (baseadas no alfabeto arábico), cirílicas, hebraicas (baseadas no alfabeto hebraico), helênicas (baseadas no alfabeto grego), hindus (geralmente baseadas no devanagari) e e em menor medida as escritas alfabéticas armênias, etiópicas (abugidas baseadas no ghez), coreanas, georgianas, birmaneses, coptas etc. As escrituras glagolíticas e gótica têm caído em desuso.

Na maioria das vezes, a intenção da escrita é a produção de textos que serão alvos da atividade de leitura.

A escrita é um processo simbólico que possibilitou ao homem expandir suas mensagens para muito além do seu próprio tempo e espaço, criando mensagens que se manteriam inalteradas por séculos e que poderiam ser proferidas a quilômetros de distância.

Acredita-se que tenha se originado a partir dos simples desenhos de ideogramas: por exemplo, o desenho de uma maçã a representaria, e um desenho de duas pernas poderia representar tanto o conceito de andar como de ficar em pé.

A partir daí os símbolos tornaram-se mais abstratos, terminando por evoluir em símbolos sem aparente relação aos caracteres originais. Por exemplo, a letra M em português na verdade vem de um hieróglifo egípcio que retratava ondas na água e representava o mesmo som.

A palavra egípcia para água contém uma única consoante: /m/. Aquela figura, portanto, veio representar não somente a ideia de água, mas também o som /m/.

2 MESOPOTÂMIA

O sistema de escrita original dos mesopotâmicos era derivado do seu método de contabilidade. Por volta do fim do quarto milênio a.c., isso envolvia usar um instrumento pontiagudo de forma triangular, pressionado em argila mole para gravar números. Este processo foi evoluindo para uma escrita pictográfica, usando instrumentos pontiagudos e afiados para indicar o que estava sendo contado.

As escritas com instrumento pontiagudo foram gradualmente substituídas pela escrita usando um instrumento em forma de cunha, (de onde veio o termo cuneiforme), inicialmente apenas para logogramas, mas evoluindo para incluir elementos fonéticos por volta do século XIX a.c.

Em torno do século XVI a.c., a escrita cuneiforme começou a representar silabários de fala suméria. Também neste período, a escrita cuneiforme tornou-se de uso geral para logogramas, silabários e números, e esta escrita foi adaptada para outra língua mesopotâmica, a acádia e dali para outras tais como a hurrita e hitita.

Escritas similares em aparência incluem aquelas usadas na ugarítica e persa antiga.

3 ANTIGO EGITO

Os antigos egípcios viveram ao longo do rio Nilo cerca de 5000 anos atrás.

Ao contrário da maioria das civilizações antigas, desenvolveram um sistema de escrita precoce, chamado de hieróglifos.

Os hieróglifos eram pinturas que representavam objetos, sons ou ideias. Muitas pinturas podem ter mais de um significado. Hieróglifos também podem soletrar uma palavra usando uma imagem para o som de cada sílaba.

Existem mais de 700 imagens hieroglíficas diferentes na escrita egípcia antiga. Como demonstrado na Paleta de Narmer, a escrita tem sido usada quase desde o início da unificação, que ocorreu por volta de 3000 a.C..

4 CHINA

Nos historiadores chineses encontrou-se muito sobre documentos deixados para trás referentes às suas antigas dinastias.

Da dinastia Shang, a maioria dos escritos sobreviveu em ossos ou artefatos de bronze. Marcações em cascos de tartarugas (usados como ossos de oráculos têm idade estimada (com base no carbono) por volta de 1500 a.c. Historiadores descobriram que o tipo de material usado teve um efeito no qual a escrita era documentada e como ela era usada.

5 DESENVOLVIMENTO E EVOLUÇÃO

A escrita se desenvolveu de forma independente em várias regiões do planeta, incluindo a Mesopotâmia, a China, Egito e América Central.

Os sistemas de escrita evoluíram de forma autônoma e não sofreram influências mútuas, ao menos em seus primórdios.

Possivelmente, as escritas mais antigas são a escrita cuneiforme e os hieróglifos. Ambos os sistemas foram criados há cerca de 5500 anos, entre sumérios e egípcios. Os hieróglifos originaram-se no Antigo Egito e a escrita cuneiforme na Mesopotâmia, (atual Iraque).

Na China, foram encontrados 11 caracteres gravados em casco de tartaruga. Um destes caracteres se assemelha à escrita primitiva da palavra "olho" da Dinastia Shang. Se os pesquisadores comprovarem que estes sinais podem ser considerados uma forma de escrita, esta passaria a ser considerada a mais antiga do mundo, com cerca de 8600 anos.

A escrita fenícia é a primeira escrita essencialmente fonética de que se tem notícia, ou seja, procurava reproduzir sons em vez de coisas ou ideias. As escritas sumerianas e egípcias eram compostas de sinais que reproduziam ideias e outros que reproduziam sons, de forma semelhante à japonesa atual.

Em geral, ao longo da história e, principalmente nos seus primórdios, a escrita e a sua interpretação ficavam restritas às camadas sociais dominantes: aos sacerdotes e à nobreza, embora a escrita fenícia, tivesse fins essencialmente comerciais. A alfabetização somente se difundiu lentamente entre camadas mais significativas das populações após a Idade Média.

6   O SURGIMENTO DA ESCRITA

Um dos principais fatores do surgimento das cidades e dos Estados foi a escrita, criada por volta de 3500 a.c. Vários são os fatores que explicam o nascimento da escrita a necessidade de contabilizar os produtos comercializados, os impostos arrecadados e os funcionários do Estado; o levantamento da estrutura das obras, que exigira a criação de um sistema de sinais numéricos, para a realização dos cálculos geométricos.

Com a escrita, o ser humano criou uma forma de registrar suas ideias e de se comunicar. A linguagem escrita é especial porque permite que a vida que levamos hoje seja conhecida pelas gerações que virão depois de nós.

O registro mais antigo até agora encontrado data do século XIV a.c. e está escrito em símbolos cuneiformes da língua acadiana. O pedaço de barro escrito foi achado em Jerusalém por arqueólogos israelenses.

7   TIPOS DE ESCRITA

Escrever com o intento de se comunicar tem sido observado em espécies que não são do gênero humano. Pesquisas com bonobos Kanzi (um tipo de chipanzé pigmeu do Zaire) e Pnbanisha nos Estados Unidos proporcionaram tais exemplos, apesar de raros. Tal escrita poderia ser comparada ao desenho. A origem da escrita bonobo, todavia, parece ser análoga àquela da escrita humana.

No entanto, tal como entendemos, a escrita é uma tecnologia humana. Existem várias formas de escrita, mas pode-se dizer, de forma simplificada, que todas se enquadram na categoria de escritas fonéticas, como o nosso alfabeto, o qual busca uma aproximação entre um signo e um som, escritas ideográficas, que representam coisas ou ideias, como a chinesa, ou, ainda, escritas que sintetizam estes dois aspectos, como a japonesa, embora possamos categorizar os sistemas de escrita de forma mais detalhada ou complexa (ver lista de sistemas de escrita).

8 IMPORTÂNCIA DA ESCRITA

Geralmente a linha divisória entre a pré-história e a história é atribuída ao tempo em que surgiram os registros escritos.

A importância da escrita para a história e para a conservação de registros vem do fato de que estes permitem o armazenamento e a propagação de informações não só entre indivíduos (privilégio também da linguagem), mas também por gerações.

CAPÍTULO 3

A PRÁTICA DA PERÍCIA

1   INTRODUÇÃO

A importância em assinar um documento seja ele uma procuração, escritura, cheque ou testamento, significa avalizar sua autenticidade, significa dar fé ao que está escrito.

Mas, como comprovar a autenticidade e a veracidade dos fatos se alguém está negando a autoria caligráfica do mesmo? Como assegurar que seja feita justiça e que a verdade seja revelada?

É para resolver estas e muitas outras questões que muitos Juízes, Promotores e Advogados têm recorrido, à Perícia Grafotécnica visando esclarecer dúvidas referentes a lançamentos gráficos questionados.

Estes lançamentos geralmente têm a sua autoria negada por determinada pessoa, e é neste cenário que aparece a figura do Perito Grafotécnico, um especialista capaz de suprir os membros do judiciário dos conhecimentos técnicos e científicos necessários ao esclarecimento da verdade.

2   PERÍCIA GRAFOTÉCNICA

Perícia Grafotécnica não é mágica, é ciência e como ciência sempre levará a resultados conclusivos, desde que suas leis e técnicas sejam seguidas com profissionalismo e imparcialidade.

Entre as leis que regem a grafoscopia podemos citar a lei elaborada pelo grande Perito Francês Solange Pellat que diz:

"O gesto gráfico está sob a influência imediata do cérebro. Sua forma não é modificada pelo órgão escritor se este funciona normalmente e se encontra suficientemente adaptado à sua função.".

Desta forma, todos os nossos lançamentos gráficos são oriundos de nosso cérebro e executados por nós de forma inconsciente, restando aos nossos membros apenas interpretar as ordens cerebrais, e por esta lei, mesmo que o escritor perca um de seus membros conseguirá após algum treino realizar o mesmo gesto gráfico que executava com o seu membro principal.

O maior exemplo deste fato é o de pintores que após sofrerem algum acidente e ficarem com suas mãos paralisadas passam a pintar com os pés ou até mesmo com a boca.

O Gesto Gráfico torna-se assim uma criação única impossível de ser falsificado, sem que na falsificação apareçam marcas e evidencias da tentativa de fraude e a inclusão de características próprias do falsificador e não do titular do gesto gráfico.

Todavia para que o perito possa efetuar o seu trabalho, é necessário respeitar determinados critérios como: adequabilidade, contemporaneidade, quantidade e autenticidade. Estando estes critérios respeitados a perícia fluirá de forma clara e transparente levando a um resultado conclusivo.

Além destes critérios técnicos existem também outros aspectos que devem ser considerados como, os elementos de ordem genérica, elementos de ordem genética, morfologia da escrita e a familiaridade gráfica.

Todos estes aspectos quando examinados em conjunto levam o perito grafotécnico a solução do caso que lhe foi apresentado, explicitada através do Laudo Pericial Grafotécnico, peça única e individualizada que passará a ser prova no processo judicial.

Afirmar a autenticidade ou a falsidade de lançamentos gráficos questionados não é tarefa fácil, pois ao fazê-lo o Perito tem que ter certeza do resultado pericial pois o seu laudo será uma importante ferramenta que suprirá os magistrados em suas sentenças.

O perito tem a obrigação de responder aos quesitos formulados pelos advogados e assistentes técnicos das partes, de forma direta e objetiva, esclarecendo os pontos duvidosos e obscuros sempre com o objetivo de revelar a verdade.

Ter um bom relacionamento com os advogados e assistentes técnicos das partes também é fundamental para garantir transparência ao trabalho, pois imparcialidade é o mínimo que se espera de um perito nomeado para exercer tão nobre função, através da imparcialidade e do livre acesso dos advogados ao andamento da perícia.

O perito grafotécnico terá reciprocidade das partes que facilitaram o fornecimento dos padrões de confronto necessários para execução dos trabalhos, neste caso chamados de peças padrão e peças testes.

O perito grafotécnico não pode jamais recusar as nomeações oriundas de processos com o benefício da gratuidade de justiça, pois ao fazê-lo estará negando auxilio às partes, ao judiciário e também à sociedade, quebrando assim uma relação de confiança e lealdade que une o perito a magistratura.

3 GRAFOSCOPIA

A Grafoscopia tradicional foi concebida com o objetivo de esclarecer questões criminais. Tratando-se de um campo da criminalística, ela tem sido conceituada como a área cuja finalidade é a verificação da autenticidade da autoria de um documento a partir de características gráficas utilizadas na elaboração de um documento [JUSTINO, 2001].

O que determina um exame é o subjetivismo do perito, por isso a importância dos métodos de informática, a afastarem pouco da subjetividade do exame.

4 ELEMENTOS DA GRAFIA

Na análise grafotécnica pode-se encontrar alguns termos elementares da grafia que devem ser ressaltados, vejamos [JUSTINO, 2001]:

a) **Campo gráfico** é o espaço bidimensional onde a escrita é feita.

b) **Movimento gráfico** é todo o movimento de dedos que o indivíduo faz para escrever, sendo que cada movimento gráfico gera um traço gráfico.

c) **Traço** é o trajeto que o objeto da escrita descreve em um único gesto executado pelo autor.

d) **Traço descendente, fundamental, pleno, ou grosso** é todo o traço descendente e grosso de uma letra.

e) **Traço ascendente ou perfil** é o traço ascendente e fino de uma letra.

f) **Ovais** são os elementos em formas de círculo das letras "a, o, g, q", dentre outras.

g) **Hastes** são todos os traços plenos (movimento de descanso) das letras "l", "t", "b", "f", etc. até a base da zona média. Também são consideradas hastes os traços verticais do "m" e do "n" maiúsculo e minúsculo.

h) **Laçadas inferiores** são todos os planos (descendentes) do "g", "j","y", "f", etc. a partir da zona média até embaixo.

i) **Bucles** são todos os traços ascendentes (perfis) das hastes das laçadas inferiores e, por extensão, todo o movimento que ascende cruzando a haste e unindo-se a ela formando círculo.

j) **Partes essenciais** são o esqueleto da letra, a parte indispensável da sua estrutura.

k) **Parte secundária ou acessória** é o revestimento ornamental ou parte não necessária à sua configuração.

Nas letras são distinguíveis algumas diferentes zonas, confira:

a) **Zona inicial** é a área onde se encontra o ponto no qual se inicia a letra.

b) **Zona final** é a área onde se encontra o ponto no qual termina a letra.

c) **Zona superior** é a área onde se encontra o ponto mais alto ocupado pelas hastes, pelos pontos e acentos, pelas barras do "t" e parte das letras minúsculas.

d) **Zona média** é a área central ocupada por todas as vogais minúsculas (a, e, i, o, u) e pelas letras "m" e "n", "r", etc, cuja altura toma-se como base para medir o nível de elevação das hastes e o nível de descanso das laçadas inferiores.

e) **Zona inferior** é a zona baixa da escrita a partir da base de todos os ovais descendentes, das letras maiúsculas ou de outras letras.

5 ANÁLISE DE ASSINATURAS MANUSCRITAS BASEADA NOS PRINCÍPIOS DA GRAFOSCOPIA

A biometria é a utilização de características biológicas (face, íris, impressão digital) ou tratamento comportamental (assinatura e voz) para a verificação da identidade do indivíduo.

Autenticação biométrica é entendida como uma alternativa, mais confiável, aos sistemas de segurança baseados em senha, pois é relativamente difícil de ser falsificada, roubada ou obtida.

Em particular, a assinatura está relacionada ao comportamento biométrico: ela não é baseada em propriedades físicas, tal como a impressão digital ou a face de um indivíduo, mas apenas em características comportamentais [KHOLMATOV, 2003].

Muitas vezes, pelo fato de estar sujeita a uma análise subjetiva, que pode gerar discordâncias, a detecção de autenticidade de assinaturas constitui-se em uma tarefa complexa, pois a verificação manual para uma grande quantia de documentos é tediosa e facilmente influenciada por fatores físicos e psicológicos [XIAO & LEEDHAM, 1999].

No campo computacional, a verificação de assinaturas estáticas continua sendo um problema em aberto, não existindo um método totalmente aceito.

Uma abordagem que incorpore a visão subjetiva de forma satisfatória, certamente encontrará aplicações práticas, principalmente no que diz respeito a sistemas de automação bancária e comercial.

Atualmente, com recursos computacionais mais eficazes, tarefas que há alguns anos pareciam inviáveis agora atraem novas pesquisas.

Dentro deste contexto, a verificação de assinaturas é desafiadora área de estudos na qual buscam-se soluções computacionais automatizadas relacionadas à autenticação, procurando estabelecer uma comparação segura entre um modelo de assinatura conhecido com um outro questionado.

O uso da análise grafotécnica pericial utilizada em ciências forenses representa um nicho de pesquisa que se encaixa perfeitamente na verificação de assinaturas manuscritas. Desta forma, os critérios técnicos dos peritos são empregados na análise das características da escrita, as quais podem ser conscientes ou inconscientes, como também na decisão da autenticidade.

6 DEFINIÇÕES E TERMINOLOGIAS

Para efeito desta Norma, aplicam-se as seguintes definições e terminologias:

a) **Grafoscopia**: é a disciplina que tem por finalidade determinar a origem do documento gráfico.

b) **Documento Gráfico**: é o suporte que contém um registro gráfico.

c) **Escrita**: é o registro gráfico que deve conter elementos técnicos mínimos para a determinação de sua origem.

d) **A Grafoscopia também possui outras denominações**: Grafística, Grafotécnica, Grafocrítica, Grafotecnia, Perícia Gráfica, perícia Caligráfica, Perícia Grafotécnica, Documentologia, Documentoscopia e Grafodocumentoscopia.

e) **Tipos de Perícias Grafoscópicas**: define as espécies consoante os exames necessários.

f) **Objetos**: representados pelos suportes, registros gráficos e instrumentos escreventes que produzem o documento gráfico.

7 ATRIBUIÇÃO PROFISSIONAL

As Perícias Grafoscópicas têm por característica o envolvimento de diversas áreas de especializações, em face da multidisciplinaridade que constituem os documentos gráficos a serem inspecionados, podendo o profissional responsável pela realização do trabalho convocar profissionais de outras especialidades para assessorá-lo, tais como químicos, físicos, engenheiros da produção gráfica e outros.

8 CLASSIFICAÇÃO DAS PERÍCIAS GRAFOSCÓPICAS

1 - QUANTO À NATUREZA DO OBJETO DA GRAFOSCOPIA

1.1 Documentos gráficos em geral, destacando-se os seguintes:
   a) Suportes com registros gráficos manuscritos (diretos);
   b) Suportes com registros gráficos impressos (indiretos);
   c) Suportes com registros gráficos manuscritos e impressos (mistos).

9 CRITÉRIO UTILIZADO NA ELABORAÇÃO DE LAUDOS GRAFOTÉCNICOS

O critério utilizado para elaboração de laudos de grafoscopia baseia-se na análise comparativa do documento-motivo em relação a padrão técnico devidamente selecionado.

A análise comparativa consiste em exames individuais e conjuntos, de todos os documentos periciados, para a apuração das convergências e divergências gráficas, que, devidamente interpretadas, fornecem os dados técnicos sobre a origem documental.

10 METODOLOGIA EMPREGADA NA CONFECÇÃO DE LAUDOS GRAFOTÉCNICOS

A metodologia a ser empregada consiste no desenvolvimento dos seguintes itens:
   a) minuciosos exames do documento questionado;
   b) minuciosos exames dos padrões de confronto;
   c) cotejos e trescotejos entre documento questionado e respectivos paradigmas;
   d) utilização de aparelhamento especializado;
   e) determinação das convergências e divergências;
   f) coordenação dos dados técnicos apurados;
   g) preparação das ilustrações;
   h) elaboração do laudo.

Consoante o desenvolvimento dos itens abordados acima, a perícia grafoscópica deverá ser planejada conforme o tipo de documento questionado e considerando os parâmetros do objetivo pericial.

11 EXAMES DO DOCUMENTO QUESTIONADO

Deve-se analisar os particulares técnicos do documento-motivo, recomendando-se atentar para:
1 – Especificações:
   a) Suportes;
   b) Registros gráficos;
   c) Tintas;
   d) Instrumentos escreventes.
2 – Condições Físicas:
   a) Marcas, Manchas e Sujidades;
   b) Alterações (acréscimos, rasuras, lavagens químicas e recortes);
   c) Dobras;
   d) Amassamentos;
   e) Colagens;
   f) Queimaduras;
   g) Borrões;
   h) Recobrimentos;
   i) Enrrugamentos;
   j) Perturbações
3 – Ideografismos.

Devem ser efetuados os levantamentos, com anotações e interpretações, dos elementos técnicos, mínimos gráficos e demais aspectos que possibilitem determinar o máximo de características originais e particulares dos registros gráficos do documento.

Atente-se que documentos provenientes de cópias possuem tão somente registros gráficos de impressões, mesmo que representem grafismos, possibilitando, tão somente, determinar com segurança a origem do equipamento que produziu tais impressões. Manifestações outras sobre as cópias somente podem ser apresentadas com as devidas reservas, devido às incertezas inerentes ao hipotético.

12 EXAMES DOS PARADIGMAS

Recomendam-se minuciosas análises dos paradigmas, visando determinar os requisitos essenciais, consignados pela autenticidade, quantidade, contemporaneidade e adequabilidade, bem como proceder à devida avaliação técnica para a aceitação, ou não, do material comparativo.

Os exames das particularidades técnicas dos padrões são os mesmos das peças de exame.

13 CONFRONTAÇÕES GRAFOSCÓPICAS

Os exames comparativos dos grafismos devem abranger os elementos de ordem geral e genéticos da escrita.

1 – Genéricos:
 a) **Calibres**: são as dimensões dos caracteres.
 b) **Espaçamentos Gráficos**: são distâncias analisadas na escrita.
 c) **Comportamentos Gráficos**: são as direções e distâncias consideradas, da escrita em relação à pauta ou base.
 d) **Proporcionalidade Gráfica**: são as relações dimensionais entre diversas partes da escrita.
 e) **Valores Angulares**: são as predominâncias de ângulo nas formações gráficas.
 f) **Valores Curvilíneos**: são as predominâncias de curvas da escrita.
 g) **Inclinação Axial**: é aquela dos eixos gramáticos.
 h) **Inclinação da Escrita**: é a média de inclinação dos caracteres e complexos da escrita.

2 - Genéticos:
 2.1 - Dinâmica
  a) **Pressão**: é a força vertical da escrita.
  b) **Progressão**: é a força horizontal da escrita.

2.2 - Trajetória
  a) **Momento Gráfico**: cada um dos traçados contínuos da escrita.
  b) **Ataque**: é o traço inicial da escrita.
  c) **Desenvolvimento**: é o traçado intermediário da escrita.
  d) **Remate**: é o traço final da escrita.
  e) **Mínimo Gráfico**: é o modo particular do traçado.

As convergências e divergências devem ser devidamente anotadas e interpretadas, sendo recomendado utilizar check-list para tais anotações.

14 DETERMINAÇÃO DAS CONVERGÊNCIAS E DIVERGÊNCIAS GRÁFICAS

Não existe uma regra única para a realização dos exames. No entanto, é recomendável adotar-se as seguintes medidas:
  a) estabelecer um roteiro prévio com a sequência dos exames;
  b) realizar todos os tipos de exames;
  c) anotar por escrito todos os resultados apurados;
  d) interromper periodicamente os exames oculares para descansar a vista e anotar resultados parciais;
  e) executar fotoampliações das particularidades mais expressivas para confirmar os exames
oculares;
  f) refazer os exames após a coordenação das conclusões, para confirmar os resultados.

As determinações das convergências e divergências grafoscópicas possibilitarão ao perito concluir sobre a origem do documento, sabendo-se que essas conclusões podem ser:

1º) *Constatação* — dos elementos materiais dos suportes e registros gráficos da peça de exame.
   Esse processo é o que se aplica nas conclusões dos exames das especificações e condições físicas.

2º) *Interpretação* — das convergências e divergências dos elementos técnicos dos documentos cotejados. Esse processo é utilizado nas conclusões dos exames das identificações.

As conclusões do processo de constatação são obtidas diretamente dos resultados dos exames, enquanto aquelas do processo de interpretação decorrem da análise dos resultados dos cotejos. Elas são desenvolvidas através de raciocínios lógicos, que podem ser devidamente fundamentados.

Os raciocínios lógicos são baseados nas Convergências e Divergências técnicas apuradas.

15 ILUSTRAÇÕES GRAFOSCÓPICAS

As divergências e convergências grafoscópicas devem ser devidamente ilustradas e explicitadas em quadros apropriados com legendas e assinalamentos. Desenhos, croquis, fotografias em negativo ou digitais, bem como cópias e outras formas de ilustração são necessárias.

16 TÓPICOS ESSENCIAIS DO LAUDO

O Laudo Pericial Grafotécnico, não pode em hipótese alguma ser prolixo ou conter conclusões evasivas, deve ser claro direto e objetivo sempre enriquecido com fotos e explicações técnicas, porém sua linguagem deverá ser sempre de fácil entendimento, pois o perito grafotécnico ao redigir o seu laudo deverá ter sempre em mente que está escrevendo um trabalho que será lido por pessoas que não são técnicos nesta área.

O Laudo Pericial Grafotécnico deve conter:
a) Descrição Técnica da Peça de Exame;
b) Indicação do Objetivo da Perícia;
c) Descrição dos Paradigmas;
d) Data da Diligência, quando houver;
e) Descrição da Metodologia e Marcha dos Trabalhos:
f) Conclusão ou respostas aos quesitos;
g) Fundamentação;
h) Relatório com as ilustrações.

17 CONCLUSÃO

Seguindo os preceitos mencionados, o perito grafotécnico não se atentará simplesmente à morfologia/forma; ele atentará, sobretudo, à morfodinâmica.

O objetivo da comparação não é só e nem principalmente a forma, mas sim os movimentos, o dinamismo e as forças utilizados no gesto de escrever, os hábitos da escrita e a avaliação do significado das respectivas semelhanças, variações ou diferenças, para identificação da autoria.

Quando se inicia o aprendizado da escrita, o escritor aprendiz é exercitado para reproduzir forma caligráfica usual. Mas, com o decorrer do tempo e com a prática, aquele modelo escolar, primário, vai se alterando, devido a outros fatores, como educação, treino, gosto pessoal, floreios, habilidade artística, tônus muscular, maneirismos, e etc. Essas alterações acabam se cristalizando na medida em que o a escrita vai se tornando um hábito automático.

O Perito Grafotécnico para efetuar o seu minucioso trabalho para afirmar a autoria e/ou a autenticidade ou a falsidade de lançamentos gráficos questionados, através de exame e análise para a produção de laudo, ou mesmo de um parecer, deve respeitar quatro critérios muito importantes como: adequabilidade, contemporaneidade, quantidade e autenticidade.

Uma vez respeitados e observados esses critérios, e observados, concomitantemente, elementos genéticos, elementos formais (morfológicos) e cinéticos (dinâmicos), a perícia grafotécnica será produzida com transparência e fidelidade, alcançando um resultado inequívoco e conclusivo, resultando em um laudo pericial grafotécnico.

Trata-se de uma tarefa difícil e complexa.

18 OBSERVAÇÕES INTERESSANTES AO TEMA

A escrita é função eminentemente cerebral-central.

Pode-se então definir que o Gesto Gráfico é expressão de uma personalidade no tempo no espaço (como uma expressão de nossos centros psíquicos), assim o Traço (unidade gráfica como denominamos = grama) acha-se em correspondência, de um lado com as variedades de constituição do sistema nervoso e de outro com as modificações momentâneas desse mesmo sistema, ligados aos fenômenos psíquicos, dos quais respondem uns a outros.

Cada um de nós possuímos uma forma gráfica dominante. Esclareço a vocês que toda personalidade vibra ao se estabelecerem os vários ritmos gráficos (fluidez dos movimentos).

Convém nunca esquecer que o Gesto Gráfico é o mais fino dos Gestos, da mesma forma que o mecanismo muscular e nervoso é o mais complexo de todo nosso, organismo.

O Gesto Gráfico de que nós nos servimos torna-se assim, um elemento identificador, da mesma forma que o é as nossas cristas epidérmicas - as linhas digitais de nossos dedos.

Podemos então definir a GRAFOSCOPIA-GRAFOTÉCNICA, ainda como um capítulo da DOCUMENTOSCOPIA, que tem por princípio determinar a autenticidade ou falsidade de uma escrita ou assinatura, e, se, falso, determinar o seu autor.

A GRAFOLOGIA, visa também o estudo da escrita, porém com a finalidade de conhecer a personalidade, o caráter do HOMEM.

As duas disciplinas, se interligam, tornando-se importante em várias atividades profissionais, como por exemplo:

Nas fraudes gráficas em todas as suas modalidades, os anonimógrafos, notadamente em casos de sequestros, em RH e na seleção de pessoal, junto ao campo médico, com os estudos da grafopatologia, no treinamento para caixas executivos na rede bancária, nas empresas de factoring, etc...)

Vemos então que as duas disciplinas se interlagam e que, nas divisões por assunto, vemos algo em comum. Procuro, assim demonstrar uma integração e relacionamento entre as duas disciplinas, quanto aos estudos de seus componentes, assim:

grafoscopia	grafologia
ritmo (fluidez da escrita)	ritmo (fluidez da escrita)
pressão	pressão
espontaneidade dos traços	espontaneidade dos traços
velocidade ou progressão	velocidade ou progressão
inclinação dos eixos	inclinação dos eixos
ligações com as seguintes	ligações com as seguintes - etc.
entre outras formas gráficas	

O grafólogo deve ter espírito observador e muita atenção.

O perito grafotécnico ou documentoscópico deve ter o olho de perdiz, do gavião, ser conhecedor das características e formas básicas que dão origem ao traço; saber identificar as várias modalidades de grafias, conhecer os diferentes fatores que dão origem aos grafismos, e os vários procedimentos de fraudes e das falsificações como os decalques (direto e o indireto) a cópia servil, a cópia exercitada, a falsificação de memória, auto-falsificação, simulação de falso, etc.

DOCUMENTOSCOPIA

"Documentoscopia" é a parte da Criminalística que tem por objetivo o exame de todos os elementos que compõem o documento, isto é, DOCUMENTO EM SEU CONJUNTO EM SEU TODO, inclusive quanto:
- a verificação da autenticidade
- a verificação da falsidade, e
- a determinação de sua autoria.

Para facilidade de estudo, a documentoscopia foi dividida em vários capítulos específicos, dentre os quais se destacam os relativos ao estudo dos:

- grafismos ou escritas (grafotécnica, grafotécnica, grafoscopia), principal tema desta série de capítulos e cujo conceito está abaixo definido;
- escritas manuais
- escritas mecânicas;
- escritas eletrônicas;
- instrumentos utilizados para a escrita, etc;
- cruzamentos de traços (prioridades de lançamentos)
- autenticidade de cédulas e selos etc;

DA GRAFOTÉCNICA

CONCEITO

Grafotécnica "é à parte da" Documentoscopia "que trata do grafismo ou escritas, aprecia a autenticidade, a falsidade ou determina a autoria dos grafismos".

NOTAS

Menciono a seguir, algumas definições que serão objeto de análise melhor mais adiante.
I. "Grafismo ou escrita é um conjunto de gramas e traços."
II. "Grama ou traço é a denominação dada à unidade gráfica, isto é, ao registro resultante de um gesto gráfico, realizado sem mudanças bruscas de sentido".
O menor dos gramas é um ponto.
III. "Traçado é o conjunto de gramas formadores de escritos".

Em se tratando de escrita ou, mais especificamente, de uma assinatura ou rubrica, a "Grafotécnica" procura verificar a sua autenticidade ou falsidade de lançamentos.

SINÔNIMO DE GRAFOTÉCNICA

A Grafotécnica é também conhecida pelas denominações de:

- Grafítica num passado bem longínquo;
- Grafotecnia;
- Grafoscopia.

DAS SUBDIVISÕES DA GRAFOTÉCNICA

Entre as várias subdivisões da Grafotécnica, destacam - se as seguintes:
- Grafopatologia, que estuda as modificações da escrita motivadas por causas patológicas (doenças).
- Plassofenia, que estuda as modificações introduzidas em um documento.

DOS OBJETIVOS DESTA SÉRIE DE COMENTÁRIOS

Entre série de observações procura indicar aos iniciantes normas que lhes possibilitem, com rapidez e segurança,
- Verificar se determinada assinatura confere ou não com os espécimes constantes em cartões, planilhas e documentos outros de autógrafos existentes em arquivos, e
- efetuar a distinção entre assinaturas e textos autênticos e falsificados;
- Verificar lavagens pelo menos aparentes de alterações de cores do papel suporte, do impresso etc.
- verificar alterações físicas nos documentos exibidos;

NOTA

A identificação ou descoberta do autor de assinatura, texto ou documento, é atribuição do expert com vivência na área da perícia grafoscópica, nas esferas civis, trabalhistas e criminais.

CONCEITO DE ESCRITA, PRINCIPAL E LEIS QUE A REGEM

1º - DO CONCEITO DE "GRAMA" OU "TRAÇO"

"Grama ou traço é o registro resultante da execução de um gesto gráfico realizado sem mudanças brusca de sentido."

ESTUDO CONSTITUTIVO DOS TRAÇOS

Todos nós conhecemos que a ação ou o ato de lançar, escrever um manuscrito é um ato motor; o traço, o grama é o resultado desta Ação, assim vemos que ele é de uma forma ou outra, o registro permanente e fiel dele, permitindo seu estilo.

Condição imposta àquela ação.

1 - Pelo material - quando se escreve deixa-se um traço ou um conjunto de traços em um suporte, apoiado sobre um ambiente, escrivaninha, carteira, balcão, etc munido com um instrumento escrevente, lápis caneta e outros e, de acordo com certas condições, são obtidas execuções que apresentam entre si diferenças que não podem deixar de serem observadas; a transformação da escrita é muito mais considerável em se tratando de escrever sobre uma superfície vertical (lousa -quadro negro e apoiar o papel). Apesar de evidentes diferenças de grafismos, observamos constantes individuais;

2 - Pelo sistema de símbolos utilizados e as leis de sua organização no espaço gráfico.

Nas análises deve-se sempre levar em conta os problemas que podem existir quando nos deparamos com letras isoladas, como no formato da letra de (forma) ou escritas em cursivo, encadeadas ou complexas, devemos também nos ater aos sinais diacríticos, pontuações, etc.

3- Aspectos caligráficos que prescrevem a execução dos sinais de acordo com certas normas de qualidade.

Exemplo - as letras dos sinais orientais que cultivam pela flexibilidade do traço, ficando assim sobre o ato de escrever todas as espécies de sujeições que impõem seus meios ao desenvolvimento.

Vemos assim, que essas sujeições vão mostrar como o gesto gráfico ali ficará como que marcado, e que como o próprio traço, resultante do gesto, testemunha-o do mesmo modo. Mas, os obstáculos não bastam para explicar a gênese do grafismo, aqueles só definem apenas seu ambiente e condições. Sabemos que para o desenvolvimento do grafismo existem dois fatores: exercício e o desenvolvimento motor.

1 - No exercício - guiar o Ser humano e acelerar o desenvolvimento do ato de escrever.

2 - No desenvolvimento motor - não se deve simplesmente à acumulação do exercício, prova disso é que os adultos que aprendem a escrever atingem quase que de repente um melhor nível gráfico, do que o atingido por uma criança em diversos anos.

É certo também que, com muitas outras atividades, a escrita reflete o nível de desenvolvimento motor da pessoa que escreve. Como a criança é o produto de uma atividade psicomotora extremamente complexa, vamos ver quais fatores contribuem para a motricidade, assim:

a) maturação geral do sistema nervoso mantida pelo conjunto de exercícios motores;
b) coordenação de movimentos e
c) desenvolvimento em nível das atividades finas dos dedos e da mão.

Assim, todas as atividades de manipulação e todos os exercícios da habilidade digital fina contribuem neste sentido para o crescimento da escrita. Como vocês então já conhecem vamos nos deparar com as três grandes etapas - pré-caligráfica - incapaz a despeito do esforço; caligráfica infantil onde a escrita é lenta, e pós caligráfica a escrita adulta, madura, já formada.

Estes entendimentos são importantes, para a posteriori começar a conhecer o Estudo Constitutivo dos Traços, para preparação das análises dos grafismos e oferecer a quem de direito as indagações atinentes à cadeira. Primeiro conhecer, depois periciar, e não somente periciar ao bel prazer.

Nunca é demais lembrar.

A formação de um traço, de vários e qualquer traço é o resultado de duas forças, não é verdade, a Vertical e a Lateral. Senão Vejamos.

Com a força Vertical iremos pressionar o Instrumento contra o suporte, motivando então a Pressão, lembram-se? Dessa Pressão iremos produzir o menor traço que é o ponto.

Para então produzirmos o Traço haveremos de movimentar a Força Lateral - que poderemos denominar Progressão ou Projeção - que nada mais é que a Força que impele e faz deslocar o instrumento escritor na elaboração de um escrito e sem o qual o grafismo produzido não passaria de um simples ponto.

Então a análise de um conjunto de gramas que dão origem a um escrito revela variação na tonalidade e espessura dos traços, o que, em Grafoscopia, se chama claro-escuro.

Como então as duas forças encontram-se intimamente combinadas, atuando em relação de causa e efeito, podemos então dizer que, quando aumenta a intensidade da Pressão sobre o suporte, sobre o papel, diminui a progressão, a velocidade, a projeção; idem no sentido inverso, isto pelo fato, da força de Pressão agindo contra o suporte, provoca uma maior ou menor resistência ao avanço, determinado pelo atrito entre o instrumento (a caneta) e o papel; assim quanto maior a pressão, maior será o atrito, sobre o suporte e consequentemente mais lento o deslocamento traduzido pela outra força que atua lateralmente , a PROGRESSÃO, a VELOCIDADE.

As variações de Pressão/Velocidade-Progressão que resultam no aparecimento dos claros-escuros tornam-se mais evidentes na medida que o escritor, através do exercício, melhora sua habilidade para executar, isto nos mostrou José Del Picchia Filho , Antonio Caponi (in memoriam) nossos mestres de outrora, sem dúvida.

O estudo então da DINÂMICA de um grafismo consiste em que? Consiste na determinação da força que foi empregada com maior intensidade, através da observação da tonalidade e da espessura dos traços. Ao examinar a DINÂMICA das assinaturas, dos escritos, deve o expert realizar, inicialmente, um levantamento de dados, observando o início do traço (o ataque) e o seu fim (o remate) do grafismo e as variações contidas a cada passo.

Constatada a ocorrência de um traço espesso e de tonalidade escura pode-se concluir que a intensidade de Pressão foi superior à da PROGRESSÃO/VELOCIDADE, ou seja PASSAGEM OU TRECHO COM O COMANDO DA PRESSÃO. Quando o traço se apresenta delgado e com tonalidade clara pode-se concluir que a intensidade da PROGRESSÃO/VELOCIDADE foi superior à da PRESSÃO, ou seja PASSAGEM OU TRECHO COM O COMANDO DA PROGRESSÃO.

O normal é que o mesmo escritor, em condições normais de execução, deixe registrado em seu grafismo espontâneo os mesmos comandos dinâmicos nas mesmas passagens, assim como a intensidade da força empregada naquela passagem tende a ser a mesma.

Porque então caros amigos estas pinceladas de "remember"; se relembrar é viver, então vamos viver e relembrar, vamos aguçar nosso aprendizado; aliás somos eternos aprendizes, e cada dia que passa é um novo aprendizado, face as mutações nos dias de hoje nas mais variadas formas. Fico feliz e grato pelo convite formalizado pelo nobre e distinto colega e diretor, Dr. Toscano, pela oportunidade que me ofereceu para conversar um pouco com vocês.

Assim, a Dinâmica, assim como os Estudos da Gênese Gráfica é muito importante para nossos misteres, pois ela consiste essencialmente, em observar com profundidade a constituição e o desenvolvimento da escrita.

Este exame, estuda e analisa a manifestação gráfica a partir de suas causas geradoras, as formações, desenvolvimentos e constituições dos traços.

Não é fácil conceituá-la, uma vez que ela representa a imagem ideal e reflete o senso estético do escritor. Disse-me em certa ocasião, uma expert quando indagaram-na o que lhe representava a "GÊNESE GRÁFICA", como resposta, obtive que " gênese, seria, seria, assim, gênese é, é, é a prática, é aquilo que, é a prática mestre, é a prática".

Vejo que, para estudar todos enfoques que estou oferecendo a vocês, teremos então que conhecer, de plano, diferentes tipos de traços, que os mais variados instrumentos escreventes oferecem, que representa a meu ver, os primeiros passos para o conhecimento. Necessário se faz conhecer as constituições dos traços de cada um deles, quando surgem no mercado.

Interessante notar, que muito poucos que procuram apreciar a Grafoscopia, não se dão a estudar com afinco os estudos constitutivos dos traços nas mais variadas espécies e, muito menos conhecê-los.

A identificação do tipo de instrumento escrevente utilizado para a confecção de um traço, de uma escrita ou de assinatura é de real valia para o expert em grafotécnica; quando da colheita de materiais gráficos para estudos e cotejos, haveremos de conhecer primeiro que tipo de instrumento fora utilizado para confecção daquilo que se está questionando.

Não basta somente conferir uma assinatura, a apreciação tem de ser global.

Os traços, lembrem-se, meus senhores, podem se apresentar sob uma gama de formas: os mais importantes - quando retos, denominamos retilíneos, quando curvos, curvilíneos.

As curvas, ascendentes e descendente mostram-se sob a forma de arcos à direita ou à esquerda.

Se por ventura as curvas apresentarem-se no sentido da velocidade, da progressão, denominam-sOe desenvolvimentos em arcadas (formando arcos) ou guirlandas (com formações em forma de us) ; podem ainda serem espiraladas ou onduladas; temos ainda traços oscilantes ou indecisos.

Quando o círculo se fecha denominamos circulares.

Os traços cheios são também conhecidos como "pleins" , os finos "déliés" no que diz respeito as suas espessuras.

Assim, os cheios são os que sofreram forte pressão, ou correspondem as larguras dos bicos das penas; finos, àqueles que mal tocam o suporte ou quando uma das farpas da pena repassa o sulco feito pela outra.

Um mesmo traço pode possuir pleins e déliés, que aliás só assim são referidos nos traços curvilíneos.

Aspecto de um traço a pena e tinta

- Quando examinado com lupas de razoável aumento (20x, 30x) , veremos que os bordos apresentar-se-ão irregulares, com reentrâncias e saliências, ora arredondadas, ora em ângulos. Essas expansões laterais de tinta recebem a denominação de serrilhados ou dentilhados.

Esses aspectos originam-se da expansão da tinta, que se faz de modo irregular, em consequência da absorção irregular do papel suporte. Esses detalhes ainda podem sofrer influência em virtude da maior velocidade motora e da consistência da tinta e das condições do próprio instrumento escrevente.

Traços produzidos com pena de caneta tinteiro

- São variados, dependendo sempre do tipo de pena utilizada. Os traços dessas canetas normalmente são reconhecidos pela qualidade dos déliés (traços finos).
- As linhas que produzem são relativamente grossas, de bordos pouco nítidos, são raros os meniscos, que seria uma deposição de tinta (posição baixa da pena, velocidade do escritor, natureza do papel suporte que é um fenômeno análogo ao da capilaridade). As penas novas de hoje em dia, pouco marcam as foulages, (formações de sulcos).

Traços produzidos com caneta do tipo esferográfica.

- A ponta é de um bolígrafo (uma esfera). O traçado não possui sombreado nas laterais resultante da largura dos bicos, porque elas não possuem bicos e sim uma esfera, forma ela, sim uma foulage (um sulco, uma cavidade) oriunda da pressão que se exerce sobre o papel suporte para a produção do escrito, face o movimento da rotação da pequena esfera que se impregna de tinta em compressão no depósito.

Hoje o trabalho por cópia do falsário se processa com maior facilidade do que o emprego das canetas de pena e tinta.

Nas observações com auxílio de lupas podemos então observar traçado característico desses instrumentos, as estrias e fibrilas que se formam ao longo da marcha e seus movimentos retilíneos e ou curvilíneos, as marcas decorrentes da extremidade da esfera metálica identificada como uma espécie de marca desprovida de tinta (tonalidade esbranquiçada) que as identificam.

Traços com caneta do tipo hidrográfica

Os instrumentos possuem na sua extremidade escrevente ponta de nylon em diferentes tipos de espessuras, podendo ser, finas, médias e grossas.

Nestes traços podemos observar que se parecem muito com os traços produzidos com caneta tinteiro, onde a pena é mais justa, mais unida, moderna.

As foulages como aquelas produzidas com as canetas de massa esferográficas, inexistem, uma vez que não haverá necessidade de exercermos pressão para a produção dos traços.

Traços a lápis

Nos traços a lápis, não existem foulages, sulcagens (sulcagem - abertura das farpas da pena) - assim não se deve confundir com as foulage, pois esta , é aquela cavidade que produzimos no suporte quando se aplica determinada pressão no ato de escrever, e daquelas cavidades que produzimos, quando exaramos escritos com caneta de ponta de esfera - as do tipo esferográficas - notadamente (conhecida de todos nós) e pela pressão que se exerce contra o suporte - Com auxílio então de lupas ou mesmo microscópio, o traço feito com grafite nos mostra sucessivas ondas de pigmentação, orientada no sentido da direção.

Vejo assim, que os estudos desses característicos estão ligados para as análises dos hábitos específicos, diretamente marcados nos traços, quer para interpretação de índices de falsidades, quer para bem compreender outros característicos gerais e os motivos de sua variação, imprescindível se torna estar o expert familiarizado com os assuntos decorrentes do estudo constitutivo dos traços.

Desta forma, vemos da necessidade de constantes treinamentos apreciando cada peça que ainda usamos e daquelas que surgem no mercado, buscando familiarização com esses instrumentos gráficos - é a chamada prova em branco, necessária a todos que se dedicam nesta arte.

Vamos agora, realizar algumas projeções procurando mostrar alguns comportamentos de traços oriundos de alguns instrumentos.

Neste artigo para Notícias Forenses mostro alguns exemplos de comportamentos de traços produzidos por instrumentos diversos.

MOMENTO NEGATIVO E GRÁFICO

Face ao dinamismo gráfico de um escritor, cada momento morfogenético pode produzir apenas um momento gráfico ou momentos gráficos e momentos negativos.

Exemplificando – Tão somente um momento gráfico: pode ocorrer quando o instrumento gráfico (caneta do tipo esferográfica, pena e tinta e outros mais) o instrumento em nenhum instante do momento morfogenético perde o contato com o suporte (papel, quadro negro etc) O traço é contínuo, jamais é interrompido.

Momentos gráficos e momentos negativos: ocorre quando o instrumento se encontra ora em contato com o suporte, havendo registro gráfico (momento gráfico) e ora, acima do suporte, em movimento percorrendo uma trajetória, mas sem registro gráfico(momento gráfico negativo- a ponta do instrumento não atinge o suporte – mas o movimento vai registrá-lo mais adiante) - imagine um traço em espiral – com o girar vai havendo formação de registros de traços, porém em algum momento, a ponta da caneta não atinge a folha, mas a movimentação continua registrando o traço no suporte, e assim sucessivamente. Pode-se encontrar assim, vários momentos com registros e outros sem o registro na folha – este último será o momento negativo).

Assim, pode-se dizer que o momento morfogenético é a trajetória que se toma, registrada ou não graficamente no suporte, percorrida pelo punho na realização de um escrito.

O momento negativo assim é a parte do movimento morfogenético não registrada graficamente e situada entre dois momentos gráficos.

Momento Negativo – características- ocorre nas passagens mais rápidas, nas quais o instrumento escritor perde o contato com o suporte, não havendo registro gráfico, havendo, portanto, um comando absoluto da progressão, sendo nula a pressão. (uma vez que a ponta não atinge o suporte).

- estando situado entre dois momentos, poderemos confirmar que o REMATE se dá em FUGA, no primeiro, e o ATAQUE, no segundo, que será quase sempre no infinito;

- os sentidos deles deverão manter entre si uma sucessão – remate e ataque, embora distanciados, se apresentam como ligados pela relação causal.

- deve-se observar, também no MOMENTO NEGATIVO como elemento CARACTERÍSTICO a extensão do campo não grafado ou distanciamento entre os dois momentos gráficos, cuja constância ou variabilidade deverá sempre ser levantada nos padrões.

Às vezes o escritor poderá fugir de sua constante gráfica e não apresentar na passagem habitual o momento negativo, outros porém podem apresentar sem constância o momento negativo e ora não;

- há casos em que o escritor, não aceitando o NÃO REGISTRO GRÁFICO (momento negativo) acrescenta traço complementar na tentativa de preencher a lacuna, o vazio, dando origem, inclusive ao chamado "idiotismo gráfico"

MANEIRISMOS

Podemos defini-los como todos os característicos particulares de cada um de nós.

No passado chamavam-no de idiotismos gráficos e ou idiodismos.

Nada mais são que os estudos dos movimentos que dão origens aos traços, é a gênese não é verdade?

Esses detalhes aparecem nos grafismos de alguém de modo particular e peculiar.

Esses característicos tornam-se assim de grande importância, não só para confirmar uma autenticidade ou uma falsidade gráfica.

Deve-se ter cuidados especiais, porque nem sempre o encontramos em uma escrita e muito menos em uma assinatura. Daí haver certos cuidados na utilização desta expressão, porque mesmo entre nós, muitos não há conhecem; justifica-se assim, que uma quantidade de padrões razoáveis é muito melhor para aqueles que examinam documentos.

Torna-se difícil identificá-los assim por escrito; tem pessoas com bastante habilidade motora que ao escrever e mesmo ao assinar, não deixa registros de certos característicos, que são expressos naturalmente pelo escritor.

Pode-se contudo, mencionar com reservas entre nós, certa construção e desenvolvimento da perna de uma letra "a", pena do 'k", a construção do platô, do topo de uma forma anelada do "r"; até a maneira da colocação de um til(~), um traço de ligação com a seguinte, o ensaio para dar início a construção de um traço, entre outros pode nos oferecer como certo maneirismo de alguém, ou característico gráfico de alguém.

CONVERGÊNCIA E DIVERGÊNCIA

Falsificação Livre ou Exercitada:
É o procedimento que consiste no prévio treinamento de uma assinatura ou manuscrito, até se conseguir reproduzir a contento e sem necessidade do modelo.

Sem imitação:
Ocorre quando uma pessoa exara o nome ou um escrito qualquer de outrem sem a preocupação de reproduzir seu verdadeiro lançamento.

De memória:
Ocorre quando uma pessoa exara a assinatura ou escrito de outrem com base na lembrança que guarda de determinados lançamentos.

Imitação Servil :
Deriva de servo, escravo, é o procedimento pelo qual uma pessoa reproduz a assinatura ou um escrito qualquer de outrem mediante cópia, isto é, com modelo à vista.

Decalque:
É a reprodução de uma assinatura por meio de sua figura ou imagem, vista por transparência ou por debuxo (marcas, contornos obtidos por carbono, grafite, etc). Podem ser por meios: direto ou indireto.

Artigos
- A Perícia na esfera judicial: Aspecto curioso de sonegação e fraude contra seguradora
- Documentoscopia
- Grafoscopia e grafologia
- constitutivo dos traços

- Cruzamento de traços - Prioridade
- Convergência e divergência dos traços
- Momento negativo e gráfico
- Fundamentos sobre reprografias (xerox) nos exames periciais
- Novo nicho de mercado para os profissionais liberais
- Laudo de exames em reprografias
- Análise Criminalística das munições

CAPÍTULO 3

LEGISLAÇÃO SOBRE O TEMA

Seção X
Da Prova Pericial

CPC 2015	CPC 1973
Art. 464 A prova pericial consiste em exame, vistoria ou avaliação. § 1º O juiz indeferirá a perícia quando: I – a prova do fato não depender de conhecimento especial de técnico; II – for desnecessária em vista de outras provas produzidas; III – a verificação for impraticável. § 2º De ofício ou a requerimento das partes, o juiz poderá, em substituição à perícia, determinar a produção de prova técnica simplificada, quando o ponto controvertido for de menor complexidade. § 3º A prova técnica simplificada consistirá apenas na inquirição de especialista, pelo juiz, sobre ponto controvertido da causa que demande especial conhecimento científico ou técnico. § 4º Durante a arguição, o especialista, que deverá ter formação acadêmica específica na área objeto de seu depoimento, poderá valer-se de qualquer recurso tecnológico de transmissão de sons e imagens com o fim de esclarecer os pontos controvertidos da causa.	**Art. 420.** A prova pericial consiste em exame, vistoria ou avaliação. Parágrafo único. O juiz indeferirá a perícia quando: I – a prova do fato não depender do conhecimento especial de técnico; II – for desnecessária em vista de outras provas produzidas; III – a verificação for impraticável. **Art. 421.** (...) § 2º Quando a natureza do fato o permitir, a perícia poderá consistir apenas na inquirição pelo juiz do perito e dos assistentes, por ocasião da audiência de instrução e julgamento a respeito das coisas que houverem informalmente examinado ou avaliado.

– *"Novidades residem nos parágrafos ao permitir a substituição da prova pericial por 'prova técnica simplificada' quando o ponto controvertido for de menos complexidade (§ 2º). Esta prova, define-a o § 3º, consiste na inquirição pelo juiz de especialista sobre ponto controvertido da causa que demande especial conhecimento científico ou técnico, cuja produção observará uma das variáveis do § 4º. Estas regras querem substituir o art. 421, § 2º, do CPC de 1973, que se conforma com a oitiva do perito e dos assistentes técnicos na audiência de instrução e julgamento.". (Bueno, Cassio Scarpinella – Novo Código de Processo Civil anotado/Cassio Scarpinella Bueno. São Paulo: Saraiva, 2015. p. 312).*

CPC 2015	CPC 1973
Art. 465 O juiz nomeará perito especializado no objeto da perícia e fixará de imediato o prazo para a entrega do laudo. § 1º Incumbe às partes, dentro de 15 (quinze) dias contados da intimação do despacho de nomeação do perito: I – arguir o impedimento ou a suspeição do perito, se for o caso; II – indicar assistente técnico; III – apresentar quesitos. § 2º Ciente da nomeação, o perito apresentará em 5 (cinco) dias: I – proposta de honorários; II – currículo, com comprovação de especialização; III – contatos profissionais, em especial o endereço eletrônico, para onde serão dirigidas as intimações pessoais. § 3º As partes serão intimadas da proposta de honorários para, querendo, manifestar-se no prazo comum de 5 (cinco) dias, após o que o juiz arbitrará o valor, intimando-se as partes para os fins do art. 95. § 4º O juiz poderá autorizar o pagamento de até cinquenta por cento dos honorários arbitrados a favor do perito no início dos trabalhos, devendo o remanescente ser pago apenas ao final, depois de entregue o laudo e prestados todos os esclarecimentos necessários. § 5º Quando a perícia for inconclusiva ou deficiente, o juiz poderá reduzir a remuneração inicialmente arbitrada para o trabalho. § 6º Quando tiver de realizar-se por carta, poder-se-á proceder à nomeação de perito e à indicação de assistentes técnicos no juízo ao qual se requisitar a perícia.	Art. 421. O juiz nomeará o perito, fixando de imediato o prazo para a entrega do laudo. § 1º Incumbe às partes, dentro em 5 (cinco) dias, contados da intimação do despacho de nomeação do perito: I – indicar o assistente técnico; II – apresentar quesitos. (...) Art. 145. (...) § 2º Os peritos comprovarão sua especialidade na matéria sobre que deverão opinar, mediante certidão do órgão profissional em que estiverem inscritos. Art. 33. (...) Parágrafo único. O juiz poderá determinar que a parte responsável pelo pagamento dos honorários do perito deposite em juízo o valor correspondente a essa remuneração. O numerário, recolhido em depósito bancário à ordem do juízo e com correção monetária, será entregue ao perito após a apresentação do laudo, facultada a sua liberação parcial, quando necessária. Art. 428. Quando a prova tiver de realizar-se por carta, poderá proceder-se à nomeação de perito e indicação de assistentes técnicos no juízo, ao qual se requisitar a perícia.

– "O § 1º, ampliando o prazo para quinze dias, permite às partes que arguam, se for o caso, a suspeição ou impedimento do perito (arts. 156, § 4º, e 467), indiquem assistentes técnicos e formulem quesitos. (...) Por fim, o § 6º autoriza, a exemplo do art. 428 do CPC de 1973, que, no caso de perícia por carta, a indicação do perito e dos assistentes técnicos seja feita perante o juízo deprecado.". (Bueno, Cassio Scarpinella – Novo Código de Processo Civil anotado/Cassio Scarpinella Bueno. São Paulo: Saraiva, 2015. p. 313).

CPC 2015	CPC 1973
Art. 466 O perito cumprirá escrupulosamente o encargo que lhe foi cometido, independentemente de termo de compromisso. § 1º Os assistentes técnicos são de confiança da parte e não estão sujeitos a impedimento ou suspeição. § 2º O perito deve assegurar aos assistentes das partes o acesso e o acompanhamento das diligências e dos exames que realizar, com prévia comunicação, comprovada nos autos, com antecedência mínima de 5 (cinco) dias.	Art. 422. O perito cumprirá escrupulosamente o encargo que lhe foi cometido, independentemente de termo de compromisso. Os assistentes técnicos são de confiança da parte, não sujeitos a impedimento ou suspeição.

– "O § 2º é novo e pertinente porque impõe ao perito que assegure, comprovadamente e com antecedência mínima de cinco dias, acesso de todos os documentos, informações e diligências aos assistentes técnicos.". (Bueno, Cassio Scarpinella – Novo Código de Processo Civil anotado/Cassio Scarpinella Bueno. São Paulo: Saraiva, 2015. p. 314).

CPC 2015	CPC 1973
Art. 467 O perito pode escusar-se ou ser recusado por impedimento ou suspeição. Parágrafo único. O juiz, ao aceitar a escusa ou ao julgar procedente a impugnação, nomeará novo perito.	Art. 423. O perito pode escusar-se (art. 146), ou ser recusado por impedimento ou suspeição (art. 138, III); ao aceitar a escusa ou julgar procedente a impugnação, o juiz nomeará novo perito.

– "A arguição da imparcialidade do perito pelas partes deve observar o prazo do art. 465, § 1º, I, cabendo, se for o caso, ao órgão técnico ou científico nomeado para realização da perícia informar ao juiz os nomes e os dados de qualificação dos profissionais que participarão da atividade (art. 156, § 4º).". (Bueno, Cassio Scarpinella – Novo Código de Processo Civil anotado/Cassio Scarpinella Bueno. São Paulo: Saraiva, 2015. p. 314).

CPC 2015	CPC 1973
Art. 468 O perito pode ser substituído quando: I – faltar-lhe conhecimento técnico ou científico; II – sem motivo legítimo, deixar de cumprir o encargo no prazo que lhe foi assinado. § 1º No caso previsto no inciso II, o juiz comunicará a ocorrência à corporação profissional respectiva, podendo, ainda, impor multa ao perito, fixada tendo em vista o valor da causa e o possível prejuízo decorrente do atraso no processo. § 2º O perito substituído restituirá, no prazo de 15 (quinze) dias, os valores recebidos pelo trabalho não realizado, sob pena de ficar impedido de atuar como perito judicial pelo prazo de 5 (cinco) anos. § 3º Não ocorrendo a restituição voluntária de que trata o § 2º, a parte que tiver realizado o adiantamento dos honorários poderá promover execução contra o perito, na forma dos arts. 513 e seguintes deste Código, com fundamento na decisão que determinar a devolução do numerário.	Art. 424. O perito pode ser substituído quando: I – carecer de conhecimento técnico ou científico; II – sem motivo legítimo, deixar de cumprir o encargo no prazo que lhe foi assinado. Parágrafo único. No caso previsto no inciso II, o juiz comunicará a ocorrência à corporação profissional respectiva, podendo, ainda, impor multa ao perito, fixada tendo em vista o valor da causa e o possível prejuízo decorrente do atraso no processo.

– "O novo CPC foi além, apresentando, nos §§ 2º e 3º, solução expressa para a hipótese de o perito substituído já ter recebido remuneração, admitindo-se, até mesmo, se for necessário chegar a tanto, a execução forçada, que seguirá o procedimento do cumprimento de sentença, já que se trata, em última análise, de título executivo judicial.". (Bueno, Cassio Scarpinella – Novo Código de Processo Civil anotado/Cassio Scarpinella Bueno. São Paulo: Saraiva, 2015. p. 314-315).

CPC 2015	CPC 1973
Art. 469 As partes poderão apresentar quesitos suplementares durante a diligência, que poderão ser respondidos pelo perito previamente ou na audiência de instrução e julgamento. Parágrafo único. O escrivão dará à parte contrária ciência da juntada dos quesitos aos autos.	Art. 425. Poderão as partes apresentar, durante a diligência, quesitos suplementares. Da juntada dos quesitos aos autos dará o escrivão ciência à parte contrária.

– "A novidade está na expressa possibilidade de o perito responder aos quesitos suplementares previamente ou na audiência de instrução e julgamento, consagrando, legislativamente, prática forense bastante difundida.". (Bueno, Cassio Scarpinella – Novo Código de Processo Civil anotado/Cassio Scarpinella Bueno. São Paulo: Saraiva, 2015. p. 315).

CPC 2015	CPC 1973
Art. 470 Incumbe ao juiz: I – indeferir quesitos impertinentes; II – formular os quesitos que entender necessários ao esclarecimento da causa.	Art. 426. Compete ao juiz: I – indeferir quesitos impertinentes; II – formular os que entender necessários ao esclarecimento da causa.

CPC 2015	CPC 1973
Art. 471 As partes podem, de comum acordo, escolher o perito, indicando-o mediante requerimento, desde que: I – sejam plenamente capazes; II – a causa possa ser resolvida por autocomposição. § 1º As partes, ao escolher o perito, já devem indicar os respectivos assistentes técnicos para acompanhar a realização da perícia, que se realizará em data e local previamente anunciados. § 2º O perito e os assistentes técnicos devem entregar, respectivamente, laudo e pareceres em prazo fixado pelo juiz. § 3º A perícia consensual substitui, para todos os efeitos, a que seria realizada por perito nomeado pelo juiz.	– **Não** possui correspondência com o CPC/1973.

– *"O novo CPC inovou ao permitir que as partes, observadas as exigências feitas pelos incisos do caput do art. 471, escolham perito de comum acordo. Esta escolha – que o próprio novo CPC chama de 'perícia consensual' – substitui, para todos os fins, a prova pericial que seria realizada por perito nomeado pelo magistrado (§ 3º). Também cabe às partes, neste caso, indicar desde logo, concomitantemente à escolha do perito, seus assistentes técnicos, que acompanharão a perícia a ser realizda na data e no local previamente anunciados (§ 1º). O juiz fixará o prazo para que o perito e os assistentes entreguem as conclusões de seus trabalhos (§ 2º). Não há por que negar a possibilidade de as próprias partes, com fundamento no art. 191, ajustarem calendário para a prática desta perícia. Trata-se de mais um caso em que o novo CPC inova ao admitir, na prática dos atos processuais, ampla participação (e mais que isto, inegável protagonismo) das partes como verdadeiros condutores dos rumos do processo, aplicando, assim, a diretriz ampla do art. 190. Este protagonismo não impede, de qualquer sorte, o necessário (irrenunciável e inafastável) controle judicial sobre a regularidade da prática dos atos, a começar pela observância das exigências da hipótese de incidência do dispositivo: capacidade das partes e se tratar de causa que admita a autocomposição (incisos I e II do caput).".* (Bueno, Cassio Scarpinella – Novo Código de Processo Civil anotado/Cassio Scarpinella Bueno. São Paulo: Saraiva, 2015. p. 316).

CPC 2015	CPC 1973
Art. 472 O juiz poderá dispensar prova pericial quando as partes, na inicial e na contestação, apresentarem, sobre as questões de fato, pareceres técnicos ou documentos elucidativos que considerar suficientes.	**Art. 427.** O juiz poderá dispensar prova pericial quando as partes, na inicial e na contestação, apresentarem sobre as questões de fato pareceres técnicos ou documentos elucidativos que considerar suficientes.

CPC 2015	CPC 1973
Art. 473 O laudo pericial deverá conter: I – a exposição do objeto da perícia; II – a análise técnica ou científica realizada pelo perito; III – a indicação do método utilizado, esclarecendo-o e demonstrando ser predominantemente aceito pelos especialistas da área do conhecimento da qual se originou; IV – resposta conclusiva a todos os quesitos apresentados pelo juiz, pelas partes e pelo órgão do Ministério Público. § 1º No laudo, o perito deve apresentar sua fundamentação em linguagem simples e com coerência lógica, indicando como alcançou suas conclusões. § 2º É vedado ao perito ultrapassar os limites de sua designação, bem como emitir opiniões pessoais que excedam o exame técnico ou científico do objeto da perícia. § 3º Para o desempenho de sua função, o perito e os assistentes técnicos podem valer-se de todos os meios necessários, ouvindo testemunhas, obtendo informações, solicitando documentos que estejam em poder da parte, de terceiros ou em repartições públicas, bem como instruir o laudo com planilhas, mapas, plantas, desenhos, fotografias ou outros elementos necessários ao esclarecimento do objeto da perícia.	**Art. 429.** Para o desempenho de sua função, podem o perito e os assistentes técnicos utilizar-se de todos os meios necessários, ouvindo testemunhas, obtendo informações, solicitando documentos que estejam em poder de parte ou em repartições públicas, bem como instruir o laudo com plantas, desenhos, fotografias e outras quaisquer peças.

– *"O art. 473 inova ao indicar os requisitos que devem ser observados na elaboração do laudo e as vedações a serem observadas pelo perito na exposição de suas conclusões (caput e §§ 1 e 2º).". (Bueno, Cassio Scarpinella – Novo Código de Processo Civil anotado/ Cassio Scarpinella Bueno. São Paulo: Saraiva, 2015. p. 317).*

CPC 2015	CPC 1973
Art. 474 As partes terão ciência da data e do local designados pelo juiz ou indicados pelo perito para ter início a produção da prova.	Art. 431-A. As partes terão ciência da data e local designados pelo juiz ou indicados pelo perito para ter início a produção da prova.
CPC 2015	**CPC 1973**
Art. 475 Tratando-se de perícia complexa que abranja mais de uma área de conhecimento especializado, o juiz poderá nomear mais de um perito, e a parte, indicar mais de um assistente técnico.	Art. 431-B. Tratando-se de perícia complexa, que abranja mais de uma área de conhecimento especializado, o juiz poderá nomear mais de um perito e a parte indicar mais de um assistente técnico.
CPC 2015	**CPC 1973**
Art. 476 Se o perito, por motivo justificado, não puder apresentar o laudo dentro do prazo, o juiz poderá conceder-lhe, por uma vez, prorrogação pela metade do prazo originalmente fixado.	Art. 432. Se o perito, por motivo justificado, não puder apresentar o laudo dentro do prazo, o juiz conceder-lhe-á, por uma vez, prorrogação, segundo o seu prudente arbítrio.

CPC 2015	CPC 1973
Art. 477 O perito protocolará o laudo em juízo, no prazo fixado pelo juiz, pelo menos 20 (vinte) dias antes da audiência de instrução e julgamento. § 1º As partes serão intimadas para, querendo, manifestar-se sobre o laudo do perito do juízo no prazo comum de 15 (quinze) dias, podendo o assistente técnico de cada uma das partes, em igual prazo, apresentar seu respectivo parecer. § 2º O perito do juízo tem o dever de, no prazo de 15 (quinze) dias, esclarecer ponto: I – sobre o qual exista divergência ou dúvida de qualquer das partes, do juiz ou do órgão do Ministério Público; II – divergente apresentado no parecer do assistente técnico da parte. § 3º Se ainda houver necessidade de esclarecimentos, a parte requererá ao juiz que mande intimar o perito ou o assistente técnico a comparecer à audiência de instrução e julgamento, formulando, desde logo, as perguntas, sob forma de quesitos. § 4º O perito ou o assistente técnico será intimado por meio eletrônico, com pelo menos 10 (dez) dias de antecedência da audiência.	Art. 433. O perito apresentará o laudo em cartório, no prazo fixado pelo juiz, pelo menos 20 (vinte) dias antes da audiência de instrução e julgamento. Parágrafo único. Os assistentes técnicos oferecerão seus pareceres no prazo comum de 10 (dez) dias, após intimadas as partes da apresentação do laudo. Art. 435. A parte, que desejar esclarecimento do perito e do assistente técnico, requererá ao juiz que mande intimá-lo a comparecer à audiência, formulando desde logo as perguntas, sob forma de quesitos. Parágrafo único. O perito e o assistente técnico só estarão obrigados a prestar os esclarecimentos a que se refere este artigo, quando intimados 5 (cinco) dias antes da audiência.

– *"O art. 477 estabelece o prazo de pelo menos vinte dias (úteis) antes da audiência de instrução e julgamento para entrega do laudo pelo perito, a ser protocolado em juízo (caput).".* (Bueno, Cassio Scarpinella – *Novo Código de Processo Civil anotado/Cassio Scarpinella Bueno.* São Paulo: Saraiva, 2015. p. 318).

CPC 2015	CPC 1973
Art. 478 Quando o exame tiver por objeto a autenticidade ou a falsidade de documento ou for de natureza médico-legal, o perito será escolhido, de preferência, entre os técnicos dos estabelecimentos oficiais especializados, a cujos diretores o juiz autorizará a remessa dos autos, bem como do material sujeito a exame. § 1º Nas hipóteses de gratuidade de justiça, os órgãos e as repartições oficiais deverão cumprir a determinação judicial com preferência, no prazo estabelecido. § 2º A prorrogação do prazo referido no § 1º pode ser requerida motivadamente. § 3º Quando o exame tiver por objeto a autenticidade da letra e da firma, o perito poderá requisitar, para efeito de comparação, documentos existentes em repartições públicas e, na falta destes, poderá requerer ao juiz que a pessoa a quem se atribuir a autoria do documento lance em folha de papel, por cópia ou sob ditado, dizeres diferentes, para fins de comparação.	**Art. 434.** Quando o exame tiver por objeto a autenticidade ou a falsidade de documento, ou for de natureza médico-legal, o perito será escolhido, de preferência, entre os técnicos dos estabelecimentos oficiais especializados. O juiz autorizará a remessa dos autos, bem como do material sujeito a exame, ao diretor do estabelecimento. Parágrafo único. Quando o exame tiver por objeto a autenticidade da letra e firma, o perito poderá requisitar, para efeito de comparação, documentos existentes em repartições públicas; na falta destes, poderá requerer ao juiz que a pessoa, a quem se atribuir a autoria do documento, lance em folha de papel, por cópia, ou sob ditado, dizeres diferentes, para fins de comparação.

– *"Nos §§ 1º e 2º do art. 478, o novo CPC inova ao tratar do assunto na perspectiva do beneficiário da justiça gratuita."*. (Bueno, Cassio Scarpinella – Novo Código de Processo Civil anotado/Cassio Scarpinella Bueno. São Paulo: Saraiva, 2015. p. 319).

CPC 2015	CPC 1973
Art. 479 O juiz apreciará a prova pericial de acordo com o disposto no art. 371, indicando na sentença os motivos que o levaram a considerar ou a deixar de considerar as conclusões do laudo, levando em conta o método utilizado pelo perito.	**Art. 436.** O juiz não está adstrito ao laudo pericial, podendo formar a sua convicção com outros elementos ou fatos provados nos autos.

– *"A fórmula adotada pelo novo CPC é, inegavelmente, mais completa e preferível que a do art. 436 do CPC de 1973, sendo pertinente também a expressa remissão ao art. 371, que permite ao magistrado apreciar a prova constante dos autos, independentemente do sujeito que a tiver promovido (princípio da aquisição da prova), indicando na decisão as razões da formação de seu convencimento."*. (Bueno, Cassio Scarpinella – Novo Código de Processo Civil anotado/Cassio Scarpinella Bueno. São Paulo: Saraiva, 2015. p. 319).

CPC 2015	CPC 1973
Art. 480 O juiz determinará, de ofício ou a requerimento da parte, a realização de nova perícia quando a matéria não estiver suficientemente esclarecida. § 1º A segunda perícia tem por objeto os mesmos fatos sobre os quais recaiu a primeira e destina-se a corrigir eventual omissão ou inexatidão dos resultados a que esta conduziu. § 2º A segunda perícia rege-se pelas disposições estabelecidas para a primeira. § 3º A segunda perícia não substitui a primeira, cabendo ao juiz apreciar o valor de uma e de outra.	Art. 437. O juiz poderá determinar, de ofício ou a requerimento da parte, a realização de nova perícia, quando a matéria não lhe parecer suficientemente esclarecida. Art. 438. A segunda perícia tem por objeto os mesmos fatos sobre que recaiu a primeira e destina-se a corrigir eventual omissão ou inexatidão dos resultados a que esta conduziu. Art. 439. A segunda perícia rege-se pelas disposições estabelecidas para a primeira. Parágrafo único. A segunda perícia não substitui a primeira, cabendo ao juiz apreciar livremente o valor de uma e de outra.

– "Também aqui (§ 3º) o novo CPC não traz nenhuma inovação diante do que prescreve o art. 439 do CPC de 1973, a não ser a eliminação (pertinente) da palavra 'livremente', já que não há, no sentido comum da palavra, 'liberdade' na avaliação dos meios de prova pelo juiz porque condicionada pelo sistema normativo, desde o 'modelo constitucional'.". (Bueno, Cassio Scarpinella – Novo Código de Processo Civil anotado/Cassio Scarpinella Bueno. São Paulo: Saraiva, 2015. p. 320).

Seção XI
Da Inspeção Judicial

CPC 2015	CPC 1973
Art. 481 O juiz, de ofício ou a requerimento da parte, pode, em qualquer fase do processo, inspecionar pessoas ou coisas, a fim de se esclarecer sobre fato que interesse à decisão da causa.	Art. 440. O juiz, de ofício ou a requerimento da parte, pode, em qualquer fase do processo, inspecionar pessoas ou coisas, a fim de se esclarecer sobre fato, que interesse à decisão da causa.

CPC 2015	CPC 1973
Art. 482 Ao realizar a inspeção, o juiz poderá ser assistido por um ou mais peritos.	Art. 441. Ao realizar a inspeção direta, o juiz poderá ser assistido de um ou mais peritos.

CPC 2015	CPC 1973
Art. 483 O juiz irá ao local onde se encontre a pessoa ou a coisa quando: I – julgar necessário para a melhor verificação ou interpretação dos fatos que deva observar; II – a coisa não puder ser apresentada em juízo sem consideráveis despesas ou graves dificuldades; III – determinar a reconstituição dos fatos. Parágrafo único. As partes têm sempre direito a assistir à inspeção, prestando esclarecimentos e fazendo observações que considerem de interesse para a causa.	Art. 442. O juiz irá ao local, onde se encontre a pessoa ou coisa, quando: I – julgar necessário para a melhor verificação ou interpretação dos fatos que deva observar; II – a coisa não puder ser apresentada em juízo, sem consideráveis despesas ou graves dificuldades; III – determinar a reconstituição dos fatos. Parágrafo único. As partes têm sempre direito a assistir à inspeção, prestando esclarecimentos e fazendo observações que reputem de interesse para a causa.

CPC 2015	CPC 1973
Art. 484 Concluída a diligência, o juiz mandará lavrar auto circunstanciado, mencionando nele tudo quanto for útil ao julgamento da causa. Parágrafo único. O auto poderá ser instruído com desenho, gráfico ou fotografia.	Art. 443. Concluída a diligência, o juiz mandará lavrar auto circunstanciado, mencionando nele tudo quanto for útil ao julgamento da causa. Parágrafo único. O auto poderá ser instruído com desenho, gráfico ou fotografia.

RESOLUÇÃO CNJ SOBRE PERITO

A atuação de peritos para auxiliar magistrados quando a prova do processo depender de conhecimento técnico ou científico foi regulamentada pelo Conselho Nacional de Justiça (CNJ) por meio da Resolução 233/2016, aprovada no Plenário Virtual.

A demanda surgiu com a vigência do novo Código de Processo Civil (Lei 13.105/2015) em março deste ano, que passou a prever um cadastro de profissionais e órgãos técnicos e científicos para assistir a Justiça de primeiro e segundo graus (artigo 156 e seguintes).

A resolução, publicada no Diário da Justiça dessa quinta-feira (14/7), entra em vigor em 90 dias, mas não se aplica às nomeações de perícias realizadas antes disso.

Aprovada sob a relatoria do conselheiro Carlos Levenhagen, a resolução regulamenta a criação e manutenção do Cadastro Eletrônico de Peritos e Órgãos Técnicos ou Científicos (CPTEC), que deve ser implementado nos tribunais para garantir agilidade operacional na seleção e escolha dos peritos e para padronizar e otimizar o controle de informações sobre a contratação de profissionais e de órgãos prestadores de serviços.

O CPTEC permitirá o gerenciamento e a escolha de interessados, que formarão lista de profissionais e de órgãos aptos à prestação de serviços, dividida por área de especialidade e por comarca de atuação.

Caberá a cada tribunal validar o cadastramento e a documentação apresentada pelos interessados, e é vedada a nomeação de profissional ou de órgão que não esteja regularmente cadastrado. Nas localidades onde não houver inscrito no cadastro disponibilizado pelo tribunal, a nomeação do perito será de livre escolha pelo juiz e deverá recair sobre profissional ou órgão técnico ou científico comprovadamente detentor do conhecimento necessário à realização da perícia (artigo 156, parágrafo 5 do CPC).

A permanência do profissional ou do órgão no CPTEC fica condicionada à ausência de impedimentos ou de restrições ao exercício profissional.

As entidades, conselhos ou órgãos de fiscalização profissional deverão informar periodicamente aos tribunais sobre suspensões e outras situações que sejam impeditivas ao exercício da atividade profissional.

A resolução ainda lista nove deveres dos profissionais cadastrados no CPTEC, como observação de sigilo e apresentação de laudos no prazo legal.

Contribuição – O CNJ iniciou as discussões sobre as regulamentações exigidas pelo novo CPC em dezembro de 2015, com a criação de um grupo de trabalho formado pelos conselheiros Gustavo Alkmim (presidente), Arnaldo Hossepian, Carlos Levenhagen, Carlos Dias, Fernando Mattos e Luiz Allemand. Também colaboraram os conselheiros Norberto Campelo e Daldice Santana e os juízes auxiliares do CNJ Bráulio Gusmão e Marcia Milanez.

O grupo concluiu que os seguintes temas demandavam normatização pelo CNJ: comunicação processual, leilão eletrônico, atividade dos peritos, honorários periciais e demandas repetitivas. O tema atualização financeira chegou a ser discutido, mas o cenário heterogêneo encontrado em diferentes tribunais acabou adiando eventual resolução sobre o tema.

Como forma de qualificar e ampliar o debate com os atores do sistema de Justiça, o CNJ iniciou consulta pública sobre os temas do novo CPC entre março e abril de 2016, resultando em 413 manifestações e sugestões.

Em maio, audiência pública sobre o alcance das modificações trazidas pelo novo Código do Processo Civil teve a contribuição de 48 participantes, entre peritos, juízes, advogados, professores, consultores, defensores públicos e representantes de classe. Todas as sugestões foram consideradas pelo Grupo de Trabalho antes de redigirem as versões finais das minutas votadas em plenário.

Resolução Nº 233 de 13/07/2016

Ementa: Dispõe sobre a criação de cadastro de profissionais e órgãos técnicos ou científicos no âmbito da Justiça de primeiro e segundo graus.

O PRESIDENTE DO CONSELHO NACIONAL DE JUSTIÇA (CNJ), no uso de suas atribuições legais e regimentais,

CONSIDERANDO o disposto nos artigos 156 e seguintes do Código de Processo Civil, que determina seja o juiz assistido por perito quando a prova do fato depender de conhecimento técnico ou científico;

CONSIDERANDO a necessidade de formação de cadastro, pelos tribunais, de profissionais e de órgãos técnicos e científicos aptos à nomeação pelo juízo;

CONSIDERANDO a importância de regulamentar o procedimento referente à criação e à manutenção do cadastro de peritos no âmbito da Justiça de primeiro e segundo graus;

CONSIDERANDO a conveniência de implementação de sistema pelos tribunais visando à agilidade operacional, à padronização e ao melhor controle das informações pertinentes às atividades de contratação de profissionais e de órgãos prestadores de serviços técnico/periciais;

CONSIDERANDO a deliberação do Plenário do CNJ no Ato Normativo 0002844-88.2016.2.00.0000, na 16ª Sessão Virtual, realizada em 5 de julho de 2016;

RESOLVE:

Art. 1º Os tribunais brasileiros instituirão Cadastro Eletrônico de Peritos e Órgãos Técnicos ou Científicos (CPTEC), destinado ao gerenciamento e à escolha de interessados em prestar serviços de perícia ou de exame técnico nos processos judiciais, nos termos do art. 156, § 1º, do Código de Processo Civil.

§ 1º O CPTEC conterá a lista de profissionais e órgãos aptos a serem nomeados para prestar serviço nos processos a que se refere o caput deste artigo, que poderá ser dividida por área de especialidade e por comarca de atuação.

§ 2º Para formação do cadastro, os tribunais deverão realizar consulta pública, por meio de divulgação na rede mundial de computadores ou em jornais de grande circulação, além de consulta direta a universidades, a entidades, órgãos e conselhos de classe, ao Ministério Público, à Defensoria Pública e à Ordem dos Advogados do Brasil, para a indicação de profissionais ou de órgãos técnicos interessados.

Art. 2º Cada tribunal publicará edital fixando os requisitos a serem cumpridos e os documentos a serem apresentados pelos profissionais e pelos órgãos interessados, nos termos desta Resolução.

Art. 3º Os tribunais manterão disponíveis, em seus sítios eletrônicos, a relação dos profissionais e órgãos cujos cadastros tenham sido validados.

Parágrafo único. As informações pessoais e o currículo dos profissionais serão disponibilizados, por meio do CPTEC, aos interessados, conforme § 2º do art. 157 do CPC, e aos magistrados e servidores do respectivo tribunal.

Art. 4º O profissional ou o órgão interessado em prestar serviço nos processos deverá apresentar a documentação indicada no edital.

§ 1º O cadastramento é de responsabilidade do próprio profissional ou do órgão interessado e será realizado exclusivamente por meio do sistema disponível no sítio de cada tribunal.

§ 2º A documentação apresentada e as informações registradas no CPTEC são de inteira responsabilidade do profissional ou do órgão interessado, que é garantidor de sua autenticidade e veracidade, sob penas da lei.

§ 3º O cadastramento ou a efetiva atuação do profissional, nas hipóteses de que trata esta Resolução, não gera vínculo empregatício ou estatutário, nem obrigação de natureza previdenciária.

§ 4º Ficam mantidos os cadastros existentes na data da publicação desta Resolução, previstos em atos normativos que não conflitem com as disposições deste artigo.

Art. 5º Cabe a cada tribunal validar o cadastramento e a documentação apresentada pelo profissional ou pelo órgão interessado em prestar os serviços de que trata esta Resolução.

§ 1º Os tribunais poderão criar comissões provisórias para análise e validação da documentação apresentada pelos peritos.

§ 2º Os tribunais realizarão avaliações e reavaliações periódicas, para manutenção do cadastro, relativas à formação profissional, ao conhecimento e à experiência dos peritos e órgãos cadastrados.

Art. 6º É vedada a nomeação de profissional ou de órgão que não esteja regularmente cadastrado, com exceção do disposto no art. 156, § 5º, do Código de Processo Civil.

Parágrafo único. O perito consensual, indicado pelas partes, na forma do art. 471 do CPC, fica sujeito às mesmas normas e deve reunir as mesmas qualificações exigidas do perito judicial.

Art. 7º O profissional ou o órgão poderá ter seu nome suspenso ou excluído do CPTEC, por até 5 (cinco) anos, pelo tribunal, a pedido ou por representação de magistrado, observados o direito à ampla defesa e ao contraditório.

§ 1º A representação de que trata o caput dar-se-á por ocasião do descumprimento desta Resolução ou por outro motivo relevante.

§ 2º A exclusão ou a suspensão do CPTEC não desonera o profissional ou o órgão de seus deveres nos processos ou nos procedimentos para os quais tenha sido nomeado, salvo determinação expressa do magistrado.

Art. 8º A permanência do profissional ou do órgão no CPTEC fica condicionada à ausência de impedimentos ou de restrições ao exercício profissional.

§ 1º As entidades, os conselhos e os órgãos de fiscalização profissional deverão informar aos tribunais sobre suspensões e outras situações que importem empecilho ao exercício da atividade profissional, mensalmente ou em prazo inferior e, ainda, sempre que lhes for requisitado.

§ 2º Informações comunicadas pelos magistrados acerca do desempenho dos profissionais e dos órgãos credenciados serão anotadas no CPTEC.

§ 3º Para inscrição e atualização do cadastro, os peritos/órgãos deverão informar a ocorrência de prestação de serviços na condição de assistente técnico, apontando sua especialidade, a unidade jurisdicional em que tenha atuado, o número do processo, o período de trabalho e o nome do contratante.

Art. 9º Cabe ao magistrado, nos feitos de sua competência, escolher e nomear profissional para os fins do disposto nesta Resolução.

§ 1º A escolha se dará entre os peritos cadastrados, por nomeação direta do profissional ou por sorteio eletrônico, a critério do magistrado.

§ 2º O juiz poderá selecionar profissionais de sua confiança, entre aqueles que estejam regularmente cadastrados no CPTEC, para atuação em sua unidade jurisdicional, devendo, entre os selecionados, observar o critério equitativo de nomeação em se tratando de profissionais da mesma especialidade.

§ 3º É vedada, em qualquer hipótese, a nomeação de profissional que seja cônjuge, companheiro ou parente, em linha colateral até o terceiro grau de magistrado, de advogado com atuação no processo ou de servidor do juízo em que tramita a causa, para a prestação dos serviços de que trata esta Resolução, devendo declarar, se for o caso, o seu impedimento ou suspeição.

§ 4º Não poderá atuar como perito judicial o profissional que tenha servido como assistente técnico de qualquer das partes, nos 3 (três) anos anteriores.

§ 5º O CPTEC disponibilizará lista dos peritos/órgãos nomeados em cada unidade jurisdicional, permitindo a identificação dos processos em que ela ocorreu, a data correspondente e o valor fixado de honorários profissionais.

Art. 10. Para prestação dos serviços de que trata esta Resolução, será nomeado profissional ou órgão detentor de conhecimento necessário à realização da perícia regularmente cadastrado e habilitado, nos termos do art. 8º desta Resolução.

§ 1º Na hipótese de não existir profissional ou órgão detentor da especialidade necessária cadastrado ou quando indicado conjuntamente pelas partes, o magistrado poderá nomear profissional ou órgão não cadastrado.

§ 2º Para fins do disposto no § 1º deste artigo, o profissional ou o órgão será notificado, no mesmo ato que lhe der ciência da nomeação, para proceder ao seu cadastramento, conforme disposto nesta Resolução, no prazo de 30 (trinta) dias, contados do recebimento da notificação, sob pena de não processamento do pagamento pelos serviços prestados.

Art. 11. O magistrado poderá substituir o perito no curso do processo, mediante decisão fundamentada.

Art. 12. São deveres dos profissionais e dos órgãos cadastrados nos termos desta Resolução:

I – atuar com diligência;

II – cumprir os deveres previstos em lei;

III – observar o sigilo devido nos processos em segredo de justiça;

IV – observar, rigorosamente, a data e os horários designados para a realização das perícias e dos atos técnicos ou científicos;

V – apresentar os laudos periciais e/ou complementares no prazo legal ou em outro fixado pelo magistrado;

VI – manter seus dados cadastrais e informações correlatas anualmente atualizados;

VII – providenciar a imediata devolução dos autos judiciais quando determinado pelo magistrado;

VIII – cumprir as determinações do magistrado quanto ao trabalho a ser desenvolvido;

IX – nas perícias:

a) responder fielmente aos quesitos, bem como prestar os esclarecimentos complementares que se fizerem necessários;

b) identificar-se ao periciando ou à pessoa que acompanhará a perícia, informando os procedimentos técnicos que serão adotados na atividade pericial;

c) devolver ao periciando ou à pessoa que acompanhará a perícia toda a documentação utilizada.

Art. 13. Os profissionais ou os órgãos nomeados nos termos desta Resolução deverão dar cumprimento aos encargos que lhes forem atribuídos, salvo justo motivo previsto em lei ou no caso de força maior, justificado pelo perito, a critério do magistrado, sob pena de sanção, nos termos da lei e dos regulamentos próprios.

Art. 14. Ao detentor de cargo público no âmbito do Poder Judiciário é vedado o exercício do encargo de perito, exceto nas hipóteses do art. 95, § 3º, I, do Código de Processo Civil.

Art. 15. O disposto nesta Resolução não se aplica às nomeações de perícias realizadas até sua entrada em vigor.

Art. 16. Esta Resolução entra em vigor 90 (noventa) dias após a data de sua publicação.

Ministro Ricardo Lewandowski

CAPÍTULO 4

HONORÁRIOS

Aula sobre o tema:

https://youtu.be/SLh2ox2agn4

11 HONORÁRIOS DE PERITO

Definitivamente, entender a lógica do pagamento dos honorários periciais nos diversos tribunais brasileiros não é tarefa simples. Não faltam resoluções! São tantas regras que a coisa se complica. Nesse texto, tentaremos simplificar o insimplificável. Avaliaremos as repercussões da nova Resolução CNJ n. 232/2016. Vamos lá...

Publicada no dia 23 de julho de 2016, a nova Resolução n. 232 do Conselho Nacional de Justiça (CNJ) veio com o objetivo de fixar os valores pagos aos peritos no âmbito da Justiça de primeiro e segundo graus, já de forma contextualizada a ao novo Código de Processo Civil (Lei n. 13.105/2015). Ressalva: essa resolução trata especialmente dos valores de honorários pagos pelo próprio poder público, em nome dos beneficiários da gratuidade da justiça.

Conforme a Resolução CNJ n. 232/2016, o valor a ser pago por uma perícia médica judicial, por exemplo, é de R$ 370,00.

No entanto, muitas dúvidas surgiram. Por exemplo:

I. Todos os tribunais estarão sujeitos a essa nova tabela?
II. E aquela história do valor máximo do honorário poder ser multiplicado por 3, por 5, continua?
III. Na minha cidade o teto do honorário era R$ 1.000,00. Isso está valendo ainda?

No sentido de usar da maior didática possível, faremos nossas considerações com base no questionário abaixo.

1. Qual a função do CNJ?

R.: Nos termos do art. 103-B, § 4º da Constituição Federal de 1988, compete ao Conselho Nacional de Justiça o controle da atuação administrativa e financeira do Poder Judiciário (Justiça Comum Estadual, Justiça Federal, Justiça do Trabalho, Justiça Eleitoral, etc.) e do cumprimento dos deveres funcionais dos juízes.

2. As determinações do CNJ devem ser acatadas pelos outros conselhos de justiça?

R.: As determinações do CNJ são dirigidas para todos os tribunais. A Justiça Estadual Comum, por exemplo, acata integralmente as resoluções do CNJ. Mas caso haja parâmetros diversos definidos por outros tribunais (ex.: Justiça do Trabalho e Justiça Federal), estes parâmetros poderão ser usados localmente em detrimento às regras do próprio CNJ, nos termos do art. 2 da própria Resolução CNJ 232/2016.

3. Qual o valor máximo que o poder público poderá pagar pelo honorário pericial na Justiça Comum Estadual em nome dos beneficiários da gratuidade da justiça?

R.: Conforme o art. 6 da vigente Resolução CNJ n. 127/2011, o valor máximo de honorário pericial, a ser pago pelo poder público, em nome dos beneficiários da gratuidade da Justiça Comum Estadual, é de R$ 1.000,00. No entanto, entendemos que esse valor merece ser revisto à luz da nova Resolução CNJ 232/2016, que assim atesta em seu art. 2, § 4º: "o juiz, ao fixar os honorários, poderá ultrapassar o limite fixado na tabela (R$ 370,00 para perícias médicas judiciais, por exemplo – grifo nosso) em até 5 vezes, desde que de forma fundamentada." Nesse caso, o valor máximo a ser pago pelo poder público na Justiça Estadual Comum subiria para R$ 1.850,00.

4. Mas o juiz pode arbitrar um valor de honorário pericial maior do que R$ 1.850,00? Se sim, até quanto?

R.: Sim. Na Justiça Comum Estadual, o juiz pode aumentar esse valor em até 5 vezes, ou seja, até o valor máximo de R$ 9.250,00. Nesse caso, todo e qualquer valor que for arbitrado acima de R$ 1.850,00 deverá ser pago pela(s) parte(s) que fez(izeram) a requisição da perícia, conforme o art. 95 do novo Código de Processo Civil. Tudo isso, nos termos do art. 6 da Resolução CNJ n. 127/2011 enxergada e interpretada à luz da nova tabela instituída pela nova Resolução CNJ 232/2016.

5. Posso pedir adiantamento de honorário pericial na Justiça Comum Estadual?

R.: Sim, isso é possível e previsto no art. 7 da Resolução CNJ n. 127/2011. O valor máximo a ser adiantado e custeado pelo poder público na Justiça Comum Estadual é de R$ 350,00.

6. Sou perito na Justiça do Trabalho? Qual a regra a ser usada lá?

R.: Como vimos, caso haja parâmetros diversos definidos por outros tribunais, estes parâmetros poderão ser usados localmente em detrimento às regras do próprio CNJ, nos termos do art. 2 da própria Resolução CNJ 232/2016. Conforme o art. 3 da Resolução n. 66/2010 do Conselho Superior da Justiça do Trabalho (CSJT), o valor máximo de honorário pericial, a ser pago pelo poder público, em nome dos beneficiários da gratuidade da Justiça do Trabalho, é de R$ 1.000,00, podendo ser maior se devidamente fundamentado pelo juiz (e que entendemos não poder ser superior a R$ 1.850,00 nos termos da adequação trazida pelo art. 2, § 4º da Resolução CNJ n. 232/2016 – grifo nosso).

7. Posso pedir adiantamento de honorário pericial na Justiça do Trabalho?

R.: Sim, isso é possível e previsto no art. 2, § 2 da Resolução n. 66/2010 do CSJT, combinada com o art. 7 da Resolução CNJ n. 127/2011. O valor máximo a ser adiantado e custeado pelo poder público na Justiça do Trabalho é de R$ 350,00.

8. Sou perito na Justiça Federal? Qual a regra a ser usada lá?

R.: Na Justiça Federal, entendemos que a Resolução CNJ 232/2016 não trará repercussões significativas pois as regras do Conselho da Justiça Federal (CJF) são suficientes e ainda aplicáveis. Como vimos, caso haja parâmetros diversos definidos por outros tribunais, estes parâmetros poderão ser usados em detrimento às regras do próprio CNJ, nos termos do art. 2 da própria Resolução CNJ 232/2016. Conforme o art. 28 da vigente Resolução n. 305/2014 do CJF, o valor máximo de honorário numa perícia médica, por exemplo, a ser pago pelo poder público, em nome dos beneficiários da gratuidade da Justiça Federal, é de R$ 248,53 na Justiça Federal Comum, e de R$ 200,00 nos Juizados Especiais Federais e Jurisdições Delegadas. No entanto, se devidamente fundamentado pelo juiz, esse valor por ser multiplicado por 3, indo para R$ 745,59 na Justiça Federal Comum, e de R$ 600,00 nos Juizados Especiais Federais e Jurisdições Delegadas. Percebam que, mesmo no valor triplicado, esse valor não supera o teto estabelecido por nenhuma das resoluções vigentes do CNJ (127/2011 e 232/2016).

Mas dependendo da interpretação dada, esses valores podem ser diferentes. Conforme o art. 39 da Resolução n. 305/2014 do CJF, "os honorários devidos ao profissional serão pagos com base na tabela vigente à época do efetivo pagamento." Para os que entenderem que a tabela vigente é a trazida pela nova Resolução CNJ 232/2016, o valor máximo de honorário numa perícia médica, por exemplo, a ser pago pelo poder público, seria de R$ 370,00, tanto na Justiça Federal Comum, como nos Juizados Especiais Federais e Jurisdições Delegadas. No entanto, se devidamente fundamentado pelo juiz, esse valor poderia ser multiplicado por 3, indo para R$ 1.110,00. Ratificamos que não coadunamos com essa interpretação, pois ela violaria o art. 2 da própria Resolução CNJ 232/2016.

9. Posso pedir adiantamento de honorário pericial na Justiça Federal?

R.: Sim, isso é possível e previsto no art. 29, parágrafo único, da Resolução n. 305/2014 do CJF. A referida norma prevê um adiantamento de até 30% do valor da verba arbitrada, desde que o perito comprove a necessidade desse adiantamento. Assim, dentro de todas as possibilidades interpretativas que trouxemos, o valor adiantado na Justiça Federal nunca ultrapassaria o preconizado como máximo pelo art. 7 da Resolução CNJ n. 127/2011: R$ 350,00.

CAPÍTULO 5

MODELO DE LAUDO

Aula sobre o tema:

https://youtu.be/y6Es4Q3_sBw

12 MODELO DE LAUDO

EXCELENTÍSSIMO SENHOR DOUTOR JUIZ DE DIREITO DA ___ª VARA CÍVEL DA COMARCA _____/UF

Autos nº xxxxxxxxxxxxxxxxxxxxxxxxx

NOME COMPLETO DO PERITO, vem através da presente petição, em virtude da r. decisão de folhas, requerer a juntadado laudo pericial, acerca da suposta alegação da falsidade da Autora, com base no artigo 464 do NCPC e seguintes.

Nesses termos,
Pede deferimento.
Local e data.

Assinatura do perito
_____
NOME DO PERITO
Perito Judicial
Nº de Inscrição

LAUDO PERICIAL

1   ORIGEM DO PROCESSO

Autos nº: XXXXXXXXXXXXXXXXXXXXX
Autor:
Réu:

2.   RESUMO DOS FATOS

O presente laudo pericial tem o escopo de demonstrar em Juízo que estamos diante análise documental referente da suposta assinatura da autora e contrato de empréstimo com o Banco Pan.

O negócio nulo (nulidade absoluta) é negócio jurídico praticado com ofensa a preceitos de ordem pública, é a falta de elemento substancial ao ato jurídico (art. 166 e 167, do CC).

O negócio anulável (nulidade relativa) é o negócio jurídico que ofende o interesse particular de pessoa que o legislador buscou proteger o negócio anulável pode se tornar válido se suprida a deficiência (art. 171, do CC).

Desta forma, abaixo, será demonstrado de forma clara e com parâmetros científicos a falsidade ou não da assinatura.

3. ESTRUTURA DO LAUDO PERICIAL

O presente laudo pericial, respeita as regras do novo CPC, precisamente no artigo 473, conforme abaixo:

> **Art. 473 O laudo pericial deverá conter:**
> **I** – a exposição do objeto da perícia;
> **II** – a análise técnica ou científica realizada pelo perito;
> **III** – a indicação do método utilizado, esclarecendo-o e demonstrando ser predominantemente aceito pelos especialistas da área do conhecimento da qual se originou;
> **IV** – resposta conclusiva a todos os quesitos apresentados pelo juiz, pelas partes e pelo órgão do Ministério Público.

"O art. 473 inova ao indicar os requisitos que devem ser observados na elaboração do laudo e as vedações a serem observadas pelo perito na exposição de suas conclusões (caput e §§ 1 e 2º).". (Bueno, Cassio Scarpinella – Novo Código de Processo Civil anotado/Cassio Scarpinella Bueno. São Paulo: Saraiva, 2015. p. 317).

4 ANÁLISE CIENTÍFICA DAS ASSINATURAS

As assinaturas foram comparadas com os seguintes equipamentos: Lupas, Microscópios Digitais, Réguas e Transferidores.

Cumpre salientar o texto abaixo, tendo em vista que o perito se utiliza de teoria e prática, demonstrados em artigos e livros, o que não deixa dúvida da conclusão apresentada a esse D. Juízo.

A importância em assinar um documento significa avalizar sua autenticidade, significa dar fé ao que está escrito.

Mas, como comprovar a autenticidade e a veracidade dos fatos se alguém está negando a autoria caligráfica do mesmo? Como assegurar que seja feita justiça e que a verdade seja revelada?

É para resolver estas e muitas outras questões que muitos Juízes, Promotores e Advogados têm recorrido, à Perícia Grafotécnica visando esclarecer dúvidas referentes a lançamentos gráficos questionados.

Estes lançamentos geralmente tem a sua autoria negada por determinada pessoa, e é neste cenário que aparece a figura do Perito Grafotécnico, um especialista capaz de suprir os membros do judiciário dos conhecimentos técnicos e científicos necessários ao esclarecimento da verdade.

5 PERÍCIA GRAFOTÉCNICA

Perícia Grafotécnica não é mágica, é ciência e como ciência sempre levará a resultados conclusivos, desde que suas leis e técnicas sejam seguidas com profissionalismo e imparcialidade.

Entre as leis que regem a grafoscopia podemos citar a lei elaborada pelo grande Perito Francês Solange Pellat que diz:

> "O gesto gráfico está sob a influência imediata do cérebro. Sua forma não é modificada pelo órgão escritor se este funciona normalmente e se encontra suficientemente adaptado à sua função.

Desta forma, todos os nossos lançamentos gráficos são oriundos de nosso cérebro e executados por nós de forma inconsciente, restando aos nossos membros apenas interpretar as ordens cerebrais, e por esta lei, mesmo que o escritor perca um de seus membros conseguirá após algum treino realizar o mesmo gesto gráfico que executava com o seu membro principal.

O maior exemplo deste fato é o de pintores que após sofrerem algum acidente e ficarem com suas mãos paralisadas passam a pintar com os pés ou até mesmo com a boca.

Gesto Gráfico torna-se assim uma criação única impossível de ser falsificado, sem que na falsificação apareçam marcas e evidencias da tentativa de fraude e a inclusão de características próprias do falsificador e não do titular do gesto gráfico.

Todavia para que o perito possa efetuar o seu trabalho, é necessário respeitar determinados critérios como: adequabilidade, contemporaneidade, quantidade e autenticidade. Estando estes critérios respeitados a perícia fluirá de forma clara e transparente levando a um resultado conclusivo.

Além destes critérios técnicos existem também outros aspectos que devem ser considerados como, os elementos de ordem genérica, elementos de ordem genética, morfologia da escrita e a familiaridade gráfica.

Todos estes aspectos quando examinados em conjunto levam o perito grafotécnico a solução do caso que lhe foi apresentado, explicitada através do Laudo Pericial Grafotécnico, peça única e individualizada que passará a ser prova no processo judicial.

Afirmar a autenticidade ou a falsidade de lançamentos gráficos questionados não é tarefa fácil, pois ao fazê-lo o Perito tem que ter certeza absoluta do resultado pericial, pois o seu laudo será uma importante ferramenta que suprirá os magistrados em suas sentenças.

O perito tem a obrigação de responder aos quesitos formulados pelos advogados e assistentes técnicos das partes, de forma direta e objetiva, esclarecendo os pontos duvidosos e obscuros sempre com o objetivo de revelar a verdade.

Ter um bom relacionamento com os advogados e assistentes técnicos das partes também é fundamental para garantir transparência ao trabalho, pois imparcialidade é o mínimo que se espera de um perito nomeado para exercer tão nobre função, através da imparcialidade e do livre acesso dos advogados ao andamento da perícia.

O perito grafotécnico terá reciprocidade das partes que facilitaram o fornecimento dos padrões de confronto necessários para execução dos trabalhos, neste caso chamados de peças padrão e peças testes.

O perito grafotécnico não pode jamais recusar as nomeações oriundas de processos com o benefício da gratuidade de justiça, pois ao fazê-lo estará negando auxilio às partes, ao judiciário e também à sociedade, quebrando assim uma relação de confiança e lealdade que une o perito a magistratura.

6 GRAFOSCOPIA

A Grafoscopia tradicional foi concebida com o objetivo de esclarecer questões criminais. Tratando-se de um campo da criminalística, ela tem sido conceituada como a área cuja finalidade é a verificação da autenticidade da autoria de um documento a partir de características gráficas utilizadas na elaboração de um documento [JUSTINO, 2001].

O que determina um exame é o subjetivismo do perito, por isso a importância dos métodos de informática, a afastarem pouco da subjetividade do exame.

7 ELEMENTOS DA GRAFIA

Na análise grafotécnica pode-se encontrar alguns termos elementares da grafia que devem ser ressaltados, vejamos [JUSTINO, 2001]:

a) Campo gráfico é o espaço bidimensional onde a escrita é feita.

b) Movimento gráfico é todo o movimento de dedos que o indivíduo faz para escrever, sendo que cada movimento gráfico gera um traço gráfico.

c) Traço é o trajeto que o objeto da escrita descreve em um único gesto executado pelo autor.

d) Traço descendente, fundamental, pleno, ou grosso é todo o traço descendente e grosso de uma letra.

e) Traço ascendente ou perfil é o traço ascendente e fino de uma letra.

f) Ovais são os elementos em formas de círculo das letras "a, o, g, q", dentre outras.

g) Hastes são todos os traços plenos (movimento de descanso) das letras "l", "t", "b", "f", etc. até a base da zona média. Também são consideradas hastes os traços verticais do "m" e do "n" maiúsculo e minúsculo.

h) Laçadas inferiores são todos os planos (descendentes) do "g", "j","y", "f", etc. a partir da zona média até embaixo.

i) Bucles são todos os traços ascendentes (perfis) das hastes das laçadas inferiores e, por extensão, todo o movimento que ascende cruzando a haste e unindo-se a ela formando círculo.

j) Partes essenciais são o esqueleto da letra, a parte indispensável da sua estrutura.

k) Parte secundária ou acessória é o revestimento ornamental ou parte não necessária à sua configuração.

Nas letras são distinguíveis algumas diferentes zonas, confira:

a) Zona inicial é a área onde se encontra o ponto no qual se inicia a letra.
b) Zona final é a área onde se encontra o ponto no qual termina a letra.
c) Zona superior é a área onde se encontra o ponto mais alto ocupado pelas hastes, pelos pontos e acentos, pelas barras do "t" e parte das letras minúsculas.
d) Zona média é a área central ocupada por todas as vogais minúsculas (a, e, i, o, u) e pelas letras "m" e "n", "r", etc, cuja altura toma-se como base para medir o nível de elevação das hastes e o nível de descanso das laçadas inferiores.
e) Zona inferior é a zona baixa da escrita a partir da base de todos os ovais descendentes, das letras maiúsculas ou de outras letras.

8 ANÁLISE DE ASSINATURAS MANUSCRITAS BASEADA NOS PRINCÍPIOS DA GRAFOSCOPIA.

A biometria é a utilização de características biológicas (face, íris, impressão digital) ou tratamento comportamental (assinatura e voz) para a verificação da identidade do indivíduo.

Autenticação biométrica é entendida como uma alternativa, mais confiável, aos sistemas de segurança baseados em senha, pois é relativamente difícil de ser falsificada, roubada ou obtida.

Em particular, a assinatura está relacionada ao comportamento biométrico: ela não é baseada em propriedades físicas, tal como a impressão digital ou a face de um indivíduo, mas apenas em características comportamentais [KHOLMATOV, 2003].

Muitas vezes, pelo fato de estar sujeita a uma análise subjetiva, que pode gerar discordâncias, a detecção de autenticidade de assinaturas constitui-se em uma tarefa complexa, pois a verificação manual para uma grande quantia de documentos é tediosa e facilmente influenciada por fatores físicos e psicológicos [XIAO & LEEDHAM, 1999].

No campo computacional, a verificação de assinaturas estáticas continua sendo um problema em aberto, não existindo um método totalmente aceito.

Uma abordagem que incorpore a visão subjetiva de forma satisfatória, certamente encontrará aplicações práticas, principalmente no que diz respeito a sistemas de automação bancária e comercial. Atualmente, com recursos computacionais mais eficazes, tarefas que há alguns anos pareciam inviáveis agora atraem novas pesquisas.

Dentro deste contexto, a verificação de assinaturas é um importante e desafiadora área de estudos na qual buscam-se soluções computacionais automatizadas relacionadas à autenticação, procurando estabelecer uma comparação segura entre um modelo de assinatura conhecido com um outro questionado.

O uso da análise grafotécnica pericial utilizada em ciências forenses representa um nicho de pesquisa que se encaixa perfeitamente na verificação de assinaturas manuscritas.

Desta forma, os critérios técnicos dos peritos são empregados na análise das características da escrita, as quais podem ser conscientes ou inconscientes, como também na decisão da autenticidade.

9 DEFINIÇÕES E TERMINOLOGIAS

Para efeito desta Norma, aplicam-se as seguintes definições e terminologias:

a) Grafoscopia: é a disciplina que tem por finalidade determinar a origem do documento gráfico.
b) Documento Gráfico: é o suporte que contém um registro gráfico.
c) Escrita: é o registro gráfico que deve conter elementos técnicos mínimos para a determinação de sua origem.
d) A Grafoscopia também possui outras denominações: Grafística, Grafotécnica, Grafocrítica, Grafotecnia, Perícia Gráfica, perícia Caligráfica, Perícia Grafotécnica, Documentologia, Documentoscopia e Grafodocumentoscopia.

e) Tipos de Perícias Grafoscópicas: define as espécies consoante os exames necessários.

f) Objetos: representados pelos suportes, registros gráficos e instrumentos escreventes que produzem o documento gráfico.

10 ATRIBUIÇÃO PROFISSIONAL

As Perícias Grafoscópicas deverão ser realizadas apenas por profissionais especializados e dentro das respectivas atribuições profissionais.

As Perícias Grafoscópicas têm por característica o envolvimento de diversas áreas de especializações, em face da multidisciplinaridade que constituem os documentos gráficos a serem inspecionados, podendo o profissional responsável pela realização do trabalho convocar profissionais de outras especialidades para assessorá-lo, tais como químicos, físicos, engenheiros da produção gráfica e outros.

11 CLASSIFICAÇÃO DAS PERÍCIAS GRAFOSCÓPICAS

Quanto a sua natureza.

a) Suportes com registros gráficos manuscritos (diretos);
b) Suportes com registros gráficos impressos (indiretos);
c) Suportes com registros gráficos manuscritos e
d) Impressos (mistos).

12 CRITÉRIO UTILIZADO NA ELABORAÇÃO DE LAUDOS GRAFOTÉCNICOS

O critério utilizado para elaboração de laudos de grafoscopia baseia-se na análise comparativa do documento-motivo em relação a padrão técnico devidamente selecionado.

A análise comparativa consiste em exames individuais e conjuntos, de todos os documentos periciados, para a apuração das convergências e divergências gráficas, que, devidamente interpretadas, fornecem os dados técnicos sobre a origem documental.

13 METODOLOGIA EMPREGADA NA CONFECÇÃO DE LAUDOS GRAFOTÉCNICOS.

a) Minuciosos exames do documento questionado;
b) Minuciosos exames dos padrões de confronto;
c) Cotejos e trescotejos entre documento questionado e respectivos paradigmas;
d) Utilização de aparelhamento especializado;
e) Determinação das convergências e divergências através de planilha grafoanalítica interativa;
f) Coordenação dos dados técnicos apurados;
g) Preparação das ilustrações;
h) Elaboração do laudo.

Consoante o desenvolvimento dos itens abordados acima, a perícia grafoscópica deverá ser planejada conforme o tipo de assinatura (s) e/ou documento (s) questionada (s) e considerando os parâmetros do objetivo pericial.

14 EXAMES DO DOCUMENTO QUESTIONADO

Deve-se analisar os particulares técnicos do documento-motivo, recomendando-se atentar para:

I – Especificações:

a) Suportes;
b) Registros gráficos;
c) Tintas;
d) Instrumentos escreventes.

II – Condições Físicas:

a) Marcas, Manchas e Sujidades;
b) Alterações (acréscimos, rasuras, lavagens químicas e recortes);
c) Dobras;
d) Amassamentos;

e) Colagens;
f) Queimaduras;
g) Borrões;
h) Recobrimentos;
i) Enrugamentos;
j) Perturbações

III – Ideografismos:

Devem ser efetuados os levantamentos, com anotações e interpretações, dos elementos técnicos, mínimos gráficos e demais aspectos que possibilitem determinar o máximo de características originais e particulares dos registros gráficos do documento.

Atente-se que documentos provenientes de cópias possuem tão somente registros gráficos de impressões, mesmo que representem grafismos, possibilitando, tão somente, determinar com segurança a origem do equipamento que produziu tais impressões. Manifestações outras sobre as cópias somente podem ser apresentadas com as devidas reservas, devido às incertezas inerentes ao hipotético.

15 EXAMES DOS PARADIGMAS

Recomendam-se minuciosas análises dos paradigmas, visando determinar os requisitos essenciais, consignados pela autenticidade, quantidade, contemporaneidade e adequabilidade, bem como proceder à devida avaliação técnica para a aceitação, ou não, do material comparativo.

Os exames das particularidades técnicas dos padrões são os mesmos das peças de exame.

No presente caso, desnecessário a comparação, pois como pode-se verificar que estamos diante de uma falsificação evidente e infantil.

16 CONFRONTOS GRAFOSCÓPICAS

Os exames comparativos dos grafismos devem abranger os elementos de ordem geral e genéticos da escrita, e subdivide-se em subjetivos e objetivos:

I – SUBJETIVOS:

a) **Ritmo:** É a constância do pulso gráfico; quando o ritmo é constante, a escrita costuma apresentar poucas variações em sua morfologia; quando o ritmo é alternado, a escrita surge com desigualdades em sua aparência, especialmente nas dimensões, pressão e velocidade.

b) **Dinamismo:** É a percepção que temos a respeito da velocidade da escrita, de seu desenvolvimento; se for moroso ou pesado, as letras serão mal estruturadas e mal-acabadas; se ele for bem resolvido, as letras serão proporcionadas e definidas.

c) **Velocidade:** É a rapidez com que o autor lança o instrumento de escrita no suporte.

d) **Habilidade:** Não é a escrita mais bem desenhada, não é a escrita mais bela, mas sim, essa característica está na dependência da educação do gesto gráfico e da habilidade muscular do punho escrevente.

II – OBJETIVOS:

a) **Letra:** Suas formas usuais, obedecem dois esquemas, podendo ser, imprensa, cursiva ou mista (polimorfismo gráfico).

b) **Ataque e Remate:** Sempre que o instrumento escritor é colocado sobre a superfície de um papel e passa em seguida a desenvolver símbolos, necessariamente haverá o início e o fim de um ou mais gramas. Ao traço inicial é dado o nome de ataque e ao final o de remate.

c) **Gramas:** O conceito de grama compreende naturalmente um traço executado sem inversão de movimento. Apenas um traço e, havendo mudança de sentido, vislumbrar-se-á outro grama.

d) **Hábitos Gráficos:** São características gráficas peculiares que aquela pessoa utiliza frequentemente em sua assinatura.

e) **Trajetória:** Por trajetória, entende-se o caminho, o sentido, desenvolvido pelo instrumento escritor na progressão do gesto gráfico.

f) **Espontaneidade:**É essencialmente a naturalidade de fluência e sem artificialismo.
g) **Traços de Ligação:**O traço que liga dois caracteres, consoantes ou vogais, chama-se traço de ligação.
h) **Alinhamento:**A análise grafotécnica observa as formas de lançamento do grafismo, tomando-se o ponto de partida a linha de base do primeiro grama minúsculo em relação aos demais.
i) **Momentos Gráficos:**A quantidade de paralisações corresponde à quantidade de momentos gráficos que formam um grafismo.
j) **Espaçamentos Gráficos:**É a distância média observável nos grafismos, seja entre gramas, caracteres, vocábulos ou linhas.
k) **Inclinação Axial:**É o ângulo de inclinação da escrita, em relação ao eixo vertical de um sistema de eixos cartesianos, onde o eixo horizontal é representado por uma linha de base imaginária.
l) **Proporcionalidade:**A relação de proporcionalidade gramatical é verificada através do estabelecimento de uma correlação entre as maiúsculas e as minúsculas não passante.
m) **Calibre:**O calibre se refere ao tamanho da escrita, seja no todo, ou em qualquer de suas partes.
n) **Pressão:** É a força vertical, que depende do instrumento de escrita, do suporte e das características do punho escritor.
o) **Gladiolagem:** É a variação quanto a extensão vertical dos gramas e apresenta 3 momentos distintos: em grupos gráficos, em vocábulos isolados ou em conjuntos vocabulares.
p) **Tendência de Punho:**A tendência de punho é perceptível apenas em determinados símbolos gráficos, e é bem visível no grafismo das letras M e N.

17. DETERMINAÇÃO DAS CONVERGÊNCIAS E DIVERGÊNCIAS GRÁFICAS

Não existe uma regra única para a realização dos exames.

As convergências e divergências devem ser devidamente anotadas e interpretadas, cabendo ao perito dar o peso necessário em cada exame, dentre todos os elementos sopesados, sendo recomendado utilizar check-list para tais análises.

No entanto, é recomendável adotar-se as seguintes medidas:

a. Estabelecer um roteiro prévio com a sequência dos exames;
b. Realizara maior quantidade de exames possíveis para aquela análise;
c. Anotar por escrito todos os resultados apurados;
d. Interromper periodicamente os exames oculares para descansar a vista e anotar resultados parciais;
e. Executar foto ampliações das particularidades mais expressivas para confirmar os exames oculares;
f. Refazer os exames após a coordenação das conclusões, para confirmar os resultados.

As determinações das convergências e divergências grafoscópicas possibilitarão ao perito concluir sobre a origem do documento, sabendo-se que essas conclusões podem ser:

1º) Constatação — dos elementos materiais dos suportes e registros gráficos da peça de exame.

Esse processo é o que se aplica nas conclusões dos exames das especificações e condições físicas.

2º) Interpretação — das convergências e divergências dos elementos técnicos dos documentoscotejados. Esse processo é utilizado nas conclusões dos exames das identificações.

As conclusões do processo de constatação são obtidas diretamente dos resultados dos exames, enquanto aquelas do processo de interpretação decorrem da análise dos resultados dos cotejos. Elas são desenvolvidas através de raciocínios lógicos, que podem ser devidamente fundamentados.

Os raciocínios lógicos são baseados nas Convergências e Divergências técnicas apuradas.

18 ILUSTRAÇÕES GRAFOSCÓPICAS

As divergências e convergências grafoscópicas devem ser devidamente ilustradas e explicitadas em quadros apropriados com legendas e assinalamentos. Desenhos, croquis, fotografias em negativo ou digitais, bem como cópias e outras formas de ilustração são necessárias.

19 TÓPICOS ESSENCIAIS DO LAUDO

O Laudo Pericial Grafotécnico, não pode em hipótese alguma ser prolixo ou conter conclusões evasivas, deve ser claro direto e objetivo sempre enriquecido com fotos e explicações técnicas, porém sua linguagem deverá ser sempre de fácil entendimento, pois o perito grafotécnico ao redigir o seu laudo deverá ter sempre em mente que está escrevendo um trabalho que será lido por pessoas que não são técnicos nesta área.

O Laudo Pericial Grafotécnico deve conter:

a) Descrição Técnica da Peça de Exame;
b) Indicação do Objetivo da Perícia;
c) Descrição dos Paradigmas;
d) Data da Diligência, quando houver;
e) Descrição da Metodologia e Marcha dos Trabalhos:
f) Conclusão ou respostas aos quesitos;
g) Fundamentação;
h) Relatório com as ilustrações.

20 FECHAMENTO DOS TRABALHOS

Seguindo os preceitos mencionados, o perito grafotécnico não se atentará simplesmente à morfologia/forma; ele atentará, sobretudo, à morfodinâmica.

O objetivo da comparação não é só e nem principalmente a forma, mas sim os movimentos, o dinamismo e as forças utilizados no gesto de escrever, os hábitos da escrita e a avaliação do significado das respectivas semelhanças, variações ou diferenças, para identificação da autoria.

Quando se inicia o aprendizado da escrita, o escritor aprendiz é exercitado para reproduzir forma caligráfica usual. Mas, com o decorrer do tempo e com a prática, aquele modelo escolar, primário, vai se alterando, devido a outros fatores, como educação, treino, gosto pessoal, floreios, habilidade artística, tônus muscular, maneirismos, e etc. Essas alterações acabam se cristalizando na medida em que o a escrita vai se tornando um hábito automático.

O Perito Grafotécnico para efetuar o seu minucioso trabalho para afirmar a autoria e/ou a autenticidade ou a falsidade de lançamentos gráficos questionados, através de exame e análise para a produção de laudo, ou mesmo de um parecer, deve respeitar quatro critérios muito importantes como: adequabilidade, contemporaneidade, quantidade e autenticidade.

Uma vez respeitados e observados esses critérios, e observados, concomitantemente, elementos genéticos, elementos formais (morfológicos) e cinéticos (dinâmicos), a perícia grafotécnica será produzida com transparência e fidelidade, alcançando um resultado inequívoco e conclusivo, resultando em um laudo pericial grafotécnico.

Trata-se de uma tarefa difícil e complexa.

21 PADRÕES DE CONFRONTO:

Como elementos de comparação dos exames Grafotécnicos contou a perícia do documento originalde Cédula de Crédito Bancário entre a Autora e o Banco, bem como o auto de coleta de material caligráfico, título de eleitor, procuraçãoe Declaração de Pobreza.

I. Original da Cédula de Crédito Bancário
(em mãos do Perito)

Pagina: 9
Continuacao da CEDULA DE CREDITO BANCARIO nr. 031.205.778, emitida nesta data por CENTRAL FRIBURGUENSE DE CELULARES LTDA., em favor do Banco do Brasil S.A., no valor de R$12.710,94, com vencimento final em 28/04/2021.

Por aval ao emitente:

II. Auto de coleta de material caligráfico

01. *Moreira*

02. *Moreira*

03. *Moreira*

04. *Moreira*

05. *Moreira*

06. *Moreira*

07. *Moreira*

08. *Moreira*

09. *Moreira*

10. *Moreira*

III. Documentos

IV. Procuração

V. Declaração de Pobreza

22. **ANÁLISE DE COMPARAÇÃO DE ASSINATURAS:**

a) Ritmo: As peças possuem ritmos diferentes, já que a peça padrão possui um ritmo **fraco** e a questionada um ritmo **médio**.

PEÇAS DE CONFRONTO | PEÇA(S) CONTESTADA(S)

b) Dinamismo: As dinâmicas diferentes entre lançamentos confrontados, já que o padrão tem uma **alta** dinâmica, enquanto a peça questionada tem uma dinâmica **média**. Notem a diferença entre a pressão e a evolução.

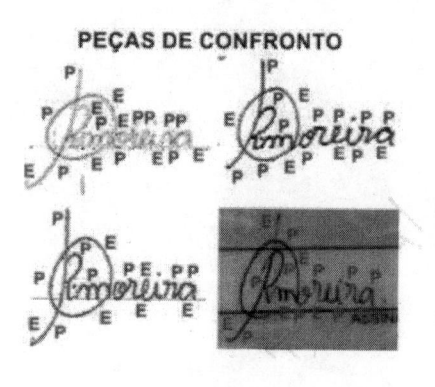

c) Velocidade: A velocidade empregada também é diferente, pois a padrão de confronto é **lenta**, enquanto a questionada é **moderada**.

d) Habilidade: A padrão tem uma habilidade **escolar média**, enquanto as questionadas demonstram maior habilidade, de modo que ela é **madura secundária**.

PEÇAS DE CONFRONTO | PEÇA(S) CONTESTADA(S)

e) Letra: As letras se convergem, pois, ambas são **cursivas** no lançamento do grafismo.

PEÇAS DE CONFRONTO | PEÇA(S) CONTESTADA(S)

f) **Ataque:** Vários pontos específicos com ataques divergentes, conforme comparamos os pontos de **Ataque Apoiado (AAP)** no padrão de confronto, e **Não Apoiado (ANA)** e **Infinito (AIN)** na questionada.

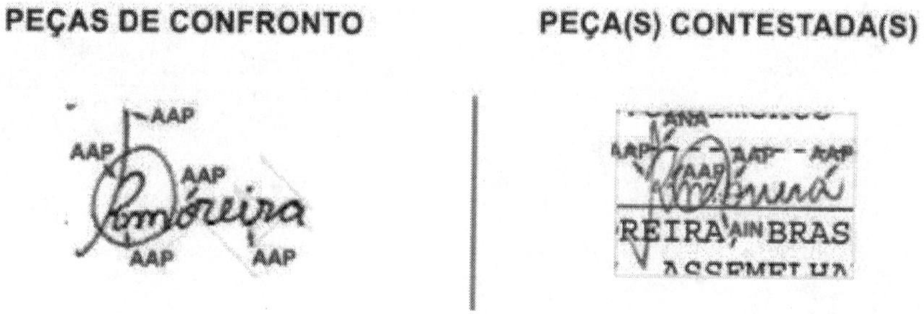

PEÇAS DE CONFRONTO   PEÇA(S) CONTESTADA(S)

g) **Remate:** Vários pontos específicos com remates divergentes, conforme comparamos os pontos de Remate **Não apoiado (RNA)** no padrão de confronto, e **Infinito (RIN)** na questionada.

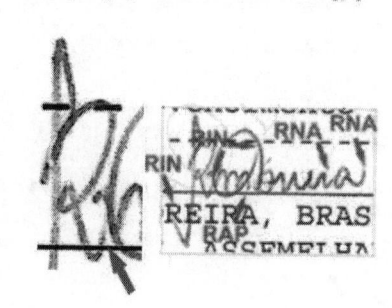

PEÇAS DE CONFRONTO   PEÇA(S) CONTESTADA(S)

h) Gramas (formas): Na assinatura padrão de confronto, há uma planície no topo da letra "r" chamada de **Platô**, enquanto na peça contestada, há gramas **Retilíneos**.

PEÇAS DE CONFRONTO | PEÇA(S) CONTESTADA(S)

PLATÔ | RETILÍNEO

i) Gramas (posição): Aqui não verificou-se nenhum grama passante característico, como por exemplo, as letras minúsculas "L – T – G – J". Então podemos entender ambas como **não passantes**.

PEÇAS DE CONFRONTO | PEÇA(S) CONTESTADA(S)

j) Hábitos Gráficos: Na peça de confronto padrão, são nítidos os **mínimos gráficos** em pontos, enquanto são **ausentes** na contestada.

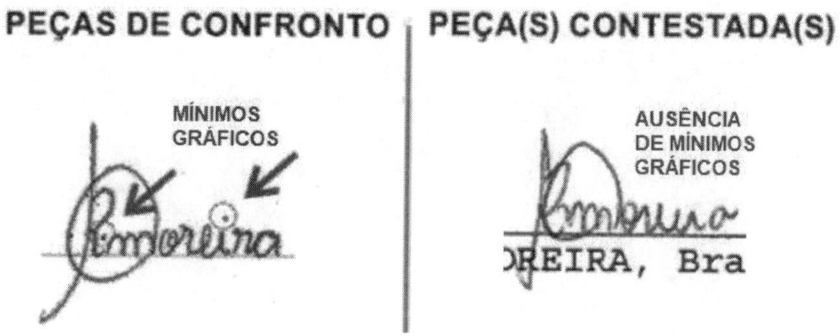

PEÇAS DE CONFRONTO | PEÇA(S) CONTESTADA(S)

MÍNIMOS GRÁFICOS

AUSÊNCIA DE MÍNIMOS GRÁFICOS

k) Trajetória: Nas análises microscópicas observadas, uma chamou bastante atenção e descobriu-se a verdadeira trajetória de construção da letra "m" e a curva "O", onde na assinatura de confronto estão ligadas como uma única letra, circulada em sentido **anti-horário**, enquanto na contestada estão separadas e com sentido **horário**, com finalização infinita.

PEÇAS DE CONFRONTO | PEÇA(S) CONTESTADA(S)

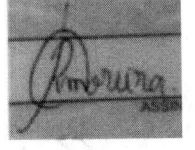

l) Espontaneidade: É essencialmente a naturalidade de fluência e sem artificialismo.

PEÇAS DE CONFRONTO | PEÇA(S) CONTESTADA(S)

m) Traços de Ligação: Os traços de ligação entre as letras "o" e "r" são divergentes, já que na assinatura padrão eles são feitos **por cima**, enquanto a da peça questionada é feito **ao centro**.

PEÇAS DE CONFRONTO | PEÇA(S) CONTESTADA(S)

n) Alinhamento: O critério de alinhamento apresenta diferenças de angulações nas peças. As peças de confronto apresentam comportamento **horizontal (0 grau)**, enquanto a contestada tem comportamento **ascendente (de 2,05 a 3,03 graus)**.

PEÇAS DE CONFRONTO | PEÇA(S) CONTESTADA(S)

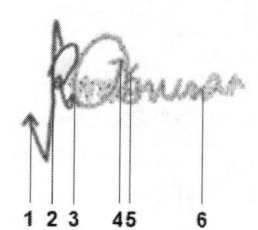

o) Momentos Gráficos: Claramente divergentes os momentos gráficos (separados por cores diferentes). Importante observar as diferentes construções do termo "oreira", na peça de confronto, enquanto todas as contestadas são "oreir" + "a". No total são **4** levantamentos do instrumento, contra **6** da contestada.

PEÇAS DE CONFRONTO | PEÇA(S) CONTESTADA(S)

1 2 3 4 | 1 2 3 4 5 6

p) Espaçamentos Gráficos: Os espaçamentos gráficos aqui medidos somente sob a forma inter-gramas e apenas no grama "oreira" de "Moreira", demonstram diferenças numéricas quando as peças de confronto de distanciamento **curto**, são comparadas às contestadas de espaçamento **médio**.

PEÇAS DE CONFRONTO | PEÇA(S) CONTESTADA(S)

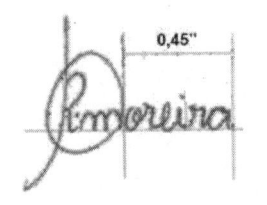

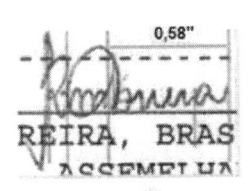

q) Inclinação Axial: A inclinação da escrita em relação ao eixo vertical na assinatura de confronto é **dextrogira** (inclinação para direita), enquanto a questionada tem uma tendência mais **vertical**.

PEÇAS DE CONFRONTO | PEÇA(S) CONTESTADA(S)

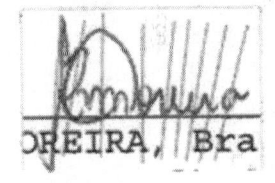

r) **Proporcionalidade:** No critério de proporcionalidade, a correlação entre as maiúsculas e as minúsculas, são **altas** e convergentes em ambas.

PEÇAS DE CONFRONTO | PEÇA(S) CONTESTADA(S)

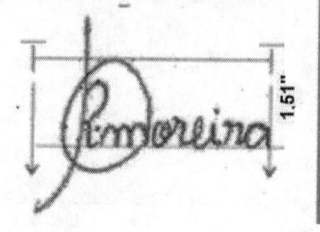

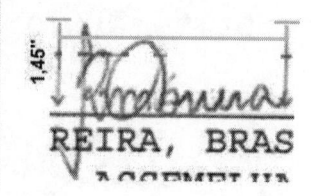

s) **Calibre:** O calibre de ambas as assinaturas é de grau **médio**.

PEÇAS DE CONFRONTO | PEÇA(S) CONTESTADA(S)

t) Pressão: A pressão da força vertical no padrão de confronto é **média**, enquanto a questionada é um consideravelmente mais **forte**, além dos pontos de pressão serem distintos.

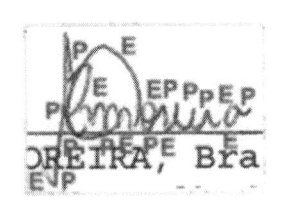

PEÇA(S) CONTESTADA(S) | PEÇAS DE CONFRONTO

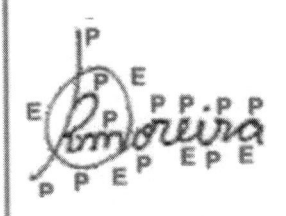

u) Gladiolagem: As peças de confronto apresentam gladiolagem-**positiva**, já as contestadas apresentam gladiolagem**constante** e **negativa**.

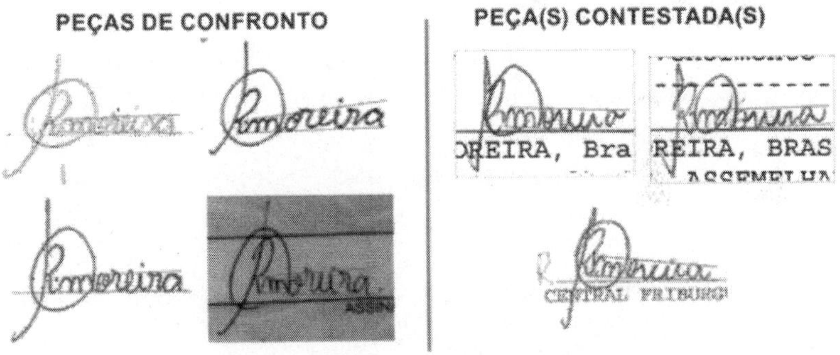

PEÇAS DE CONFRONTO | PEÇA(S) CONTESTADA(S)

v) Tendência de Punho: Quanto a tendência de punho, tanto as peças contestadas como as de confronto possuem características mistas com partes curvilíneas e retilíneas em mesmos pontos dos lançamentos.

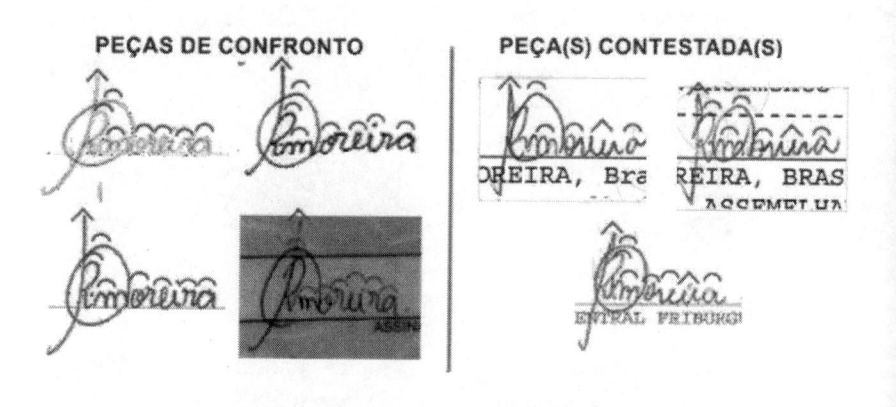

23 ULTERIORES ANÁLISES:

Sobreposição: Quando se observam as sobreposições entre as peças contestadas e as de confronto, revela-se a grande confusão de linhas e cores, mostrando-se **divergentes**.

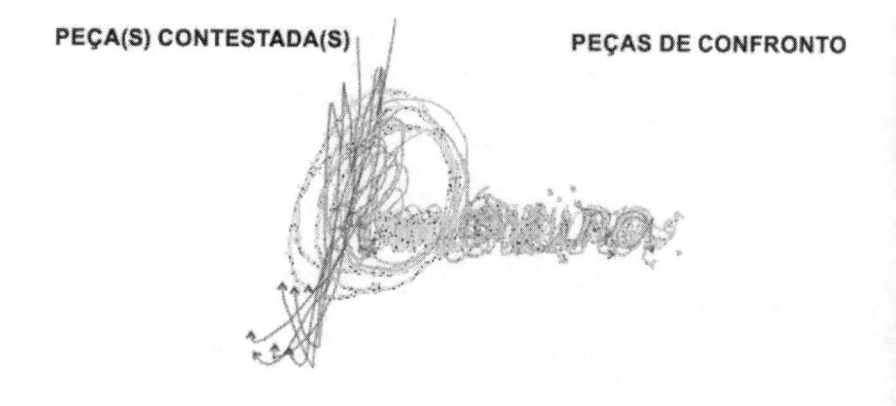

Separação: Separando as assinaturas, verificou-se que as formas (coloridas) de cada parte das assinaturas são **divergentes** entre si.

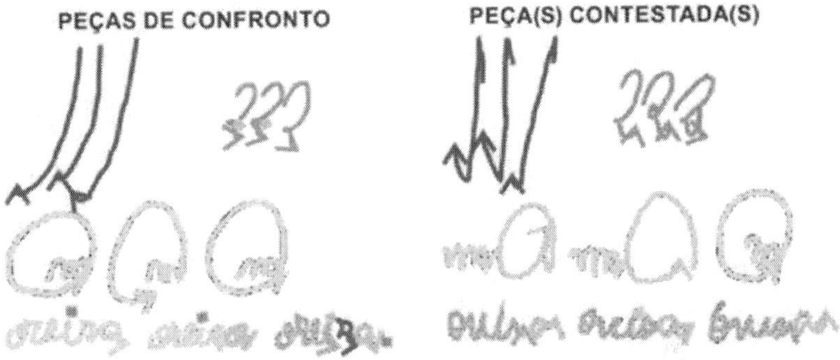

PEÇAS DE CONFRONTO

PEÇA(S) CONTESTADA(S)

Vídeo na Sessão de Coleta: Vídeos são obtidos pelo Perito durante a Sessão de Coleta com prévia autorização do (a) periciado (a), informando que somente suas mãos e o suporte e instrumentos serão captados. Os frames abaixo demonstram as "paradas" e "movimentos das mãos/dedos" confirmando entre outras, o foi apresentado como resultado da análise do critério "Momento Gráficos" acima descrito – divergência ao comparar com as peças contestadas.

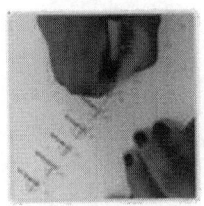

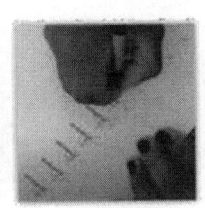

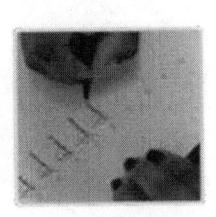

Frame 01   Frame 02   Frame 03   Frame 04

24 PLANILHA DE RESULTADOS

(EOG – ELEMENTOS DE ORDEM GERAL)

ANÁLISE GRAFOSCÓPICA		
ANÁLISES	**PADRÃO**	**QUESTIONADO**
SUBJETIVAS		
Ritmo	Fraco	Médio
Dinamismo	Alto	Médio
Velocidade	Lenta	Moderada
Habilidade	Escolar média	Madura secundária
OBJETIVAS		
Letra	Cursiva	Cursiva
Ataque	Apoiado	Infinito
Remate	Não apoiado	Infinito
Gramas (forma)	Platô	Retilíneo
Gramas (posição)	Não passante	Não passante
Hábitos gráficos	Mínimo Gráfico	Ausente
Trajetória	Anti-horário	Horário
Espontaneidade	Fluída	Fluída
Traços de ligação	Por cima	Ao centro
Alinhamento	Horizontal	Ascendente
Momentos gráficos	4	6
Espaçamentos gráficos	Curto	Médio
Inclinação axial	Dextrogira	Vertical
Proporcionalidade	Alta	Alta
Calibre	Médio	Médio
Pressão	Média	Forte
Gladiolagem	Positiva	Constante
Tendência de punho	Mista	Mista
	CONVERGÊNCIA	**DIVERGÊNCIA**
QUANTIDADE	6	16
PERCENTUAL %	27.27	72.73
RESULTADO FINAL		
DIVERGENTE		

Como em um "Teste de DNA", o resultado das análises grafotécnicas oferece uma margem percentual, neste caso de **72,73%** contra **27,27%** de chance de as assinaturas contestadas analisadas serem **DIVERGENTES**, cujos resultados foram comprovados textualmente e graficamente.

25 DOS QUESITOS E DAS RESPOSTAS AOS QUESITOS

Quesitos elaborados pelo MM. Juízo:

Quesitos elaborados pela parte Autora:

Quesitos elaborados pela parte Ré:

26 CONCLUSÃO:

Diante das análisesgrafotécnicas sobre os lançamentos caligráficos apostos e contestados, e as análises documentoscópicas realizadas sobre o documento original, fica evidente que as peças contestadas NÃO PARTIRAM DO PUNHO CALIGRÁFICO DA AUTORA, o que demonstra que o mesmo não pode ser utilizado como comprovante de contratação de serviço pela Autora ao Banco Requerido.

Cidade e data.

Assinatura do perito

_____

NOME DO PERITO
Perito Judicial
Nº de Inscrição

Notas e Referências

BANDEIRA, José Ricardo Rocha. A pericia grafotécnica nos tribunais brasileiros. In:Âmbito Jurídico, Rio Grande, IX, n. 27, mar 2006. Disponível em:<http://www.ambito-juridico. com.br/site/index.php?n_link=revista_artigos_leitura&artigo_id=1 009>. Acesso em fev 2013.

COSTA, Soraya Almeida. A perícia grafoténica. Disponível em: http://sorayaacosta.com/p_grafotecnica.html. Acesso em fev 2013.

[JUSTINO, 2001] JUSTINO, E. O Grafismo e os Modelos Escondidos de Markov na Verificação Automática de Assinaturas. Tese de Doutorado, Pontifícia Universidade Católica do Paraná, Brasil, 2001.

[KHOLMATOV, 2003] KHOLMATOV, A. A BiometricIdendtityVerificationUsingOnLine& O -LineSignatureVerification. Master'sThesis, SabanciUniversity, 2003.

[XIAO & LEEDHAM, 1999] XIAO, X; LEEDHAM, G. .SignatureVerificationby Neural Networks withSelectiveAttetionand a Small Training Set. AppliedIntelligence, Vol.11, No.2, 1999, 213-223 p. Parte 2

[1] SANTANA, Edson Júnior. O que é Perícia Judicial? Disponível em: http://beatriziolanda.com/?p=5394. Acesso em 29 de fevereiro de 2016.

[2] SANTANA, Edson Júnior. O que é Perícia Judicial? Disponível em: http://beatriziolanda.com/?p=5394. Acesso em 29 de fevereiro de 2016.

[3] MANZI, José Ernesto. O juiz e o perito: paralelos e intersecções. Disponível em: http://ambitojuridico.com.br/site/?n_link=revista_artigos_leitura&artigo_id=13843&revista_caderno=21, Acesso em 01º de março de 2016.

[4] MANZI, José Ernesto. O juiz e o perito: paralelos e intersecções. Disponível em: http://ambitojuridico.com.br/site/?n_link=revista_artigos_leitura&artigo_id=13843&revista_caderno=21, Acesso em 01º de março de 2016.

[5] MANZI, José Ernesto. O juiz e o perito: paralelos e intersecções Disponível em: http://ambitojuridico.com.br/site/?n_link=revista_artigos_leitura&artigo_id=13843&revista_caderno=21, Acesso em 01º de março de 2016.

MANZI, José Ernesto. O juiz e o perito: paralelos e intersecções. Disponível em: http://ambitojuridico.com.br/site/?n_link=revista_artigos_leitura&artigo_id=13843&revista_caderno=21, Acesso em 01º de março de 2016.

PRETTI, Gleibe. Perícia grafotécnica. Ícone Editora, 2017.

SANTANA, Edson Júnior. O que é Perícia Judicial? Disponível em: http://beatriziolanda.com/?p=5394. Acesso em 29 de fevereiro de 2016.

Notas:

ABRAÃO DAHIS - Perito Judicial em Arquitetura e Urbanismo, Grafotécnica e Documentoscopia, Transações e Avaliações Imobiliárias.

[I] "Art. 369. As partes têm o direito de empregar todos os meios legais, bem como os moralmente legítimos, ainda que não especificados neste Código, para provar a verdade dos fatos em que se funda o pedido ou a defesa e influir eficazmente na convicção do juiz."

[II] Art. 373, CPC.

[III] Art. 148, CPC.

[IV] Art. 467, CPC.

[V] Arts. 95 e 370, do CPC.

[VI] CPC/1973, art. 145, §§ 1º e 2º.

[VII] TJ/SP – 17ª C. Dir. Priv., Ap. nº 0020202-41.2011.8.26.0348, Rel. Des. Francisco Carlos InouyeShintate, Julg. 20.10.2015

[VIII] TJ/SP – 17ª C. Dir. Púb., Ap. nº 0200529-60.2008.8.26.0000, Rel. Des. Pedro Menin, Julg. 15.04.2008.

[IX] TJ-SP – 7ª C. Dir. Priv., Ap. nº 0057863-53.2006.8.26.0114, Rel. Des. Luis Mario Galbetti, Julg. 01.12.2014.

[X] TJ/SP – 2ª C. Res. Direito Empresarial, AI nº 2069249-19.2014.8.26.0000, Rel. Des. Ramon Mateo Junior, Julg. 08.10.2014.

[XI] TJ/SP – 3ª C. Dir. Priv., Ag. Reg. nº 2061862-50.2014.8.26.0000/50000, Rel. Des. Beretta da Silveira, Julg.03.06.2014.

[XII] TJ/DF – 5ª T. Cív., AI nº 0014936-73.2014.8.07.0000, Rel. Des.Luciano Moreira Vasconcellos, Julg. 27.08.2014.

[XIII] TJ/RS – 5ª C. Cív., AI nº 70068447267, Rel. Des. Jorge AndréPereiraGailhard, Julg. 02.03.2016.

[XIV] TJ/BA 4ª C. Cív., AI nº 0014747-57.2011.8.05.0000, Rel. Des. Cynthia Maria Pina Resende, Julg. 04.02.2014.

[XV] TJ/PR – 8ª C. Cív., Ap. nº 0687788-3, Rel. Des. Miguel Kfouri Neto, Julg. 02.08.2010.

[XVI] STJ – 3ªT., REsp nº 957347/DF, Rel. Min. Nancy Andrighi, Julg.23.03.2010, DJe 28.04.2010.

[XVII] TJ/RJ – 9ª C. Cív., AI nº 0072576-69.2012.8.19.0000, Rel. Des.Roberto de Abreu e Silva, Julg. 05.03.2013.

[XVIII] TJ/MG – 11ª C. Cív., AI nº 10024971317078008, Rel. Des. Marcos Lincoln, Julg. 19.02.2014.

[XIX] TJ/SP – 16ª C. Dir. Púb., AI nº 11708794.2011.8.26.0000, Rel.Des. Amaral Vieira, Julg. 14.02.2012.

[XX] TJ/DFT – 6ª T. Cív., AI nº 20150020068466, Rel. Des. José Divino de Oliveira, Julg. 13.05.2015.

[XXI] STJ – 3ª T., REsp nº 100.737/SP, Rel. Min. Carlos Alberto Menezes Direito, DJ 25.02.1998, p. 69.

[XXII] TJ/SP – 38ª C. Dir. Priv., AI. Nº 0055116-79.2009.8.26.0000, Rel. Des. Maury Bottesini, Julg. 15.12.2010.

[XXIII] Ver item 2.5.1.1.

[XXIV] Art. 421, §1º.

[XXV] STJ – 4ª T., AgRg no AREsp 554.685/RJ, Rel. Min. Luis Felipe Salomão, DJe 21.10.2014

[XXVI] Ver item 2.4.

[XXVII] TJ/SP – 17ª C. Especializada, Ap. nº 0003307-83.2003.8.26.0445, Rel. Des. Pedro Menin, Julg. 14.02.2007.

[XXVIII] TRF – 4ª Rg. – 5ª T., Ap. nº 0014156-92.2015.404.9999, Rel. Des. Fed. Paulo Afonso Brum Vaz, Julg. 24.11.2015.

[XXIX] TJ/RS – 9ª C. Cív., Ap. nº 70065950032, Rel. Des. Paulo Roberto Lessa Franz, Julg. 30.09.2015.

[XXX] TRF – 1ª Rg. – 1ª T., Ap. nº 0070116-65.2010.4.01.9199, Rel. Des. Fed. Ney Bello, Julg. 19.03.2014.

[XXXI] TJ/SP – 3ª C. Dir. Priv., Ap. nº 0019476-43.2003.8.26.0576, Rel. Des. Beretta da Silveira, Julg. 05.02.2013.

[XXXII] TJ/SP – 1ª C. Dir. Púb., Ap. nº 0000754-83.2006.8.26.0663, Rel. Des. Danilo Panizza, Julg. 13.11.2012.

[XXXIII] TJ/SP – 37ª C. Dir. Priv., Ap. nº 0004710-06.2007.8.26.0071 – nº anterior 990.10.001292-4, Rel. Des. Dimas Carneiro, Julg. 27.01.2011.

[XXXIV] TJ/MG 16ª C. Cív., AI nº 10481060647114001, Rel. Des. Otávio Portes, Julg. 20.02.2013.

XXXV] ROSSI, Carlos Alberto Del Papa. O agravo de instrumento na lei nº 13.105/2015 – Novo Código de Processo Civil. Disponível em:<http://tinyurl.com/zuxh4w8>. Acesso em 07/04/2016.

[XXXVI] Ob. cit.

[XXXVII] STJ – 3ªT., RMS nº 44.254/SP, Rel. Min. Moura Ribeiro, Dje 10.09.2015.

[XXXVIII] STJ – 4ªT., RMS nº 45.649/SP, Rel. Min. Marco Buzzi, Dje 16.04.2015.

Sites utilizados:

https://pt.wikipedia.org/wiki/Escrita

http://www.cnj.jus.br/noticias/cnj/82848-cnj-regulamenta-cadastro-de-peritos-segundo-regras-do-novo-cpc

http://www.cnj.jus.br/atos-normativos?documento=2310

https://ricardocaires.jusbrasil.com.br/modelos-pecas/212833737/laudo-judicial-grafotecnico-e-documentoscopia

https://www.saudeocupacional.org/2016/07/os-honorarios-periciais-a-luz-da-nova-resolucao-do-cnj.html

http://gilbertomelo.com.br/prova-pericial-no-novo-cpc/

CAPÍTULO 6

PRINCIPAIS DÚVIDAS NA PERÍCIA

PRIMEIRO CAPÍTULO

Lições básicas

QUEM PODE SER PERITO?

Uma das perguntas mais comuns. Vamos explicar de forma muito clara. A princípio pode ser perito que tem alguma especialidade. Se essa função depende de nível superior, exemplo médico, evidente que terá que ter nível superior. Outras atividades não exigem além do nível médio, como por exemplo a perícia grafotécnica. Uma ressalva, evidente que cada tribunal tem suas regras e exigem nível superior para todos os casos. Mas isso não impossibilita do cadastro em outros tribunais. Base legal. Artigos 464 e seguintes do CPC. E sugerimos que assistam à aula: https://youtu.be/DOyufJ7eNAk

https://youtu.be/DOyufJ7eNAk

MESMO SEM EXPERIÊNCIA PODEREI ATUAR COMO PERITO?

O código de processo civil é expresso nos artigos 464 e seguintes, em que exige apenas a formação naquela área, o que se pode fazer com o certificado da escola que formou o profissional, logo não exige experiência. Importante que os novos alunos entendam que as observações feitas no ramo privado, são diferentes da área pública, em que é o caso de perito judicial. Sugerimos que assista a aula: https://youtu.be/eMaYgl_rd90 e https://youtu.be/MwX3IIQWYM8

https://youtu.be/MwX3IIQWYM8

CONSIGO CONCILIAR MEU TRABALHO ATUAL COM A ATIVIDADE DE PERÍCIA?

Sem dúvida nenhuma, pelo fato de que o perito é o condutor da atividade, ou seja, quem determina a hora da coleta de assinatura, podendo ser inclusive aos finais de semana, ou após as 18h. As regras processuais descritas nos artigos 156 e seguintes do CPC, deixam claro que o perito é livre para realizar sua atuação, sendo conveniente a todos os envolvidos com transparência e sempre informando o Juiz dos atos.

POSSO FAZER UMA COLETA REMOTA E NÃO PRECISO IR ATÉ O LOCAL QUE A PESSOA ESTA?

Esse tema será abordado mais adiante, mas como é uma dúvida muito comum, responderemos agora. Sim, nada impede esse ato, temos vários exemplos. Inclusive a resolução 125/10 do CNJ determina que é possível o sistema multiportas, ou seja, novas formas de solução de conflitos, com isso vamos ao encontro do princípio da celeridade e economia processual, descritos a partir do artigo 4 do CPC, com isso é possível a coleta de maneira virtual. Segue uma aula que explicamos https://youtu.be/vmsrNU5oDvw

https://youtu.be/vmsrNU5oDvw

FAZ MUITO TEMPO QUE NÃO ESTUDO VOU ACOMPANHAR O CURSO?

Trata-se de mais uma pergunta de cunho personalíssimo mas muito comum. Muitos dos nossos alunos há muito tempo não estudam e querem uma nova oportunidade de trabalho. Chegou. Mas isso irá depender do empenho e vontade de vencer de cada um. Temos diversos exemplos no curso de pessoas que estão com problemas de depressão, familiares, financeiro e tantos outros, porém com determinação conseguiram o resultado. Repito, a jusexpert, ter dará todo conhecimento e ferramentas necessárias para atuar na prática, ou seja, 50%, os outros 50% é com você.

DEVO FAZER PARTE DE GRUPOS DO TELEGRAM OU FACEBOOK?

Normalmente quando o aluno inicia o curso começa a pesquisar grupos para entrar, com a esperança de encontrar profissionais que irão ajudar. Cuidado! Vou falar do nosso grupo do telegram, da jus expert, o qual todos os nossos alunos estão inseridos, esse você deve entrar e ficar. Pois asseguro que as informações são fundamentadas e com experiências concretas dos professores. Sugerimos que não perca tempo e energia em locais "químicos ou tóxicos". Segue uma aula em que explicamos: https://youtu.be/OpPO6WrrCio

https://youtu.be/OpPO6WrrCio

AS PESSOAS ME DIZEM QUE NÃO EXISTE CHANCE DE TER SUCESSO COMO PERITO, VERDADE?

Você liga para o que os outros falam? Incomoda-se com a opinião alheia? Essas pessoas já atuaram como peritos? Ou não querem ver o seu crescimento? Cabe a você dar ouvidos a determinadas pessoas e ter sucesso ou não é uma questão de escolha de cada um. Eu ouço apenas apenas o meu coração. Segue uma sugestão de vídeo: https://youtu.be/gDBThmaQRMQ

https://youtu.be/gDBThmaQRMQ

COMO ESCOLHER O MELHOR CURSO DE PERÍCIA GRAFOTÉCNICA?

A internet tem uma quantidade gigantesca de informação as quais poderão ser acessadas por todos que queiram. O comparativo sempre é importante para que possamos obter o resultado esperado daquilo que encontramos. Evidente que nenhum curso tem a capacidade de oferecer 100% de todas as situações possíveis (nem uma faculdade de 5 anos de curso, ex. Direito consegue). Cabe ao aluno estudar, buscar, investigar, ler livros, ver vídeos na internet, etc. Segue um vídeo de sugestão: https://youtu.be/WUAEQX7CJyo

https://youtu.be/WUAEQX7CJyo

POSSO ESTUDAR APENAS PELO CELULAR?

Sim, é possível. O ideal é um computador, com internet, para que possa ter todas as vantagens do curso. Possa baixar os materiais, acesso a tabela, etc. Mas uma vantagem é que o curso poderá ser acessado de qualquer computador, pois você colocará o login e senha, logo, poderá ter o acesso. Se quiser usar o modo computador no celular é possível, conforme tutoriais na internet.

PRECISO FAZER CURSOS COMPLEMENTARES ALÉM DO DA *JUS EXPERT*?

Como professor sempre incentivo a estudarem sempre, não importa a forma, se vídeos, apostilas, livros, etc. Mas nunca deixem de aprender. Segue um vídeo: https://youtu.be/9o6vjMKsnto

https://youtu.be/9o6vjMKsnto

EXISTE DIFERENÇA ENTRE GRAFOTÉNICA E DOCUMENTOSCOPIA?

A grafotécnica é a arte (ciência) de identificar a escrita, já a documentoscopia é a capacidade de analisar a veracidade ou não de um determinado documento, ex. um RG. Segue um vídeo: https://youtu.be/vv17907g3F8

https://youtu.be/vv17907g3F8

MORO NUMA CIDADE PEQUENA TEREI CHANCE?

Pequeno ou grande, na vida dependerá de sua vontade e seus pensamentos. Se você quiser ser pequeno ou grande é uma questão de escolha. Não importa sua posição social ou questão financeira, nem tão pouco se mora numa cidade pequena ou grande, terá chance de vencer na perícia. Segue um vídeo em que a aluna mora numa cidade pequena do interior do Rio de Janeiro e faz o trabalho virtual para diversas localidades, fora do seu estado (A cidade é pequena, mas a aluna é grande): https://youtu.be/OHE7stDlrrc

https://youtu.be/OHE7stDlrrc

SEGUNDO CAPÍTULO

Como aproveitar ao máximo o curso jus expert

COMO DEVO ESTUDAR DE UMA FORMA EFETIVA?

Cada aluno tem sua forma e jeito de estudar. Isso deve ser respeitado. Como dizia Paulo Freire, não existem mais ou menos saberes e sim, saberes diferentes. Nos da jusexpert sempre respeitamos a todos, sem exceção, independentemente se tem apenas o nível médio ou é pós doutorado, pra nós todos merecem uma chance uma oportunidade. Você tem 12 meses de acesso ao curso, desta forma, poderá fazer ao seu tempo. Mas se atente ao prazo! Se quiser em 2 meses pode fazer todas as aulas e provas. Sugiro que faça o quanto antes e já inicie seu trabalho.

NÃO TENHO UMA BOA FORMAÇÃO NA LINGUÁ PORTUGUESA E COM INFORMÁTICA, CONSEGUIREI TRABALHAR?

Ninguém, absolutamente ninguém, nasce sabendo. Aprendemos. O que difere alguém de sucesso, com outra pessoa sem sucesso, não é o status social ou dinheiro (isso é conseqüência) mas sim a vontade de querer aprender. Temos muitos exemplos de alunos que não tinham experiência na área e conseguiram o objetivo, segue um exemplo de um ex pedreiro, que hoje é perito: https://youtu.be/4Qc8k8nigFY

https://youtu.be/4Qc8k8nigFY

DEVO COMEÇAR MEUS ESTUDOS NO CURSO PELOS VÍDEOS OU MATERIAIS ?

Cada aluno deverá seguir seu ritmo. A sugestão é que leiam os materiais, antes das aulas. Assistam às aulas na plataforma. Dúvidas podem se socorrer ao nosso canal no YouTube que tem mais de 1500 vídeos sobre o assunto e ainda mandar suas dúvidas no grupo exclusivo dos alunos, separados por turmas.

TERCEIRO CAPÍTULO

Fui aprovado nas provas o que fazer?

APÓS ASSISTIR AS AULAS TEREMOS PROVAS?

Sim, as provas são os requisitos mínimos para a obtenção do certificado, logo os alunos deverão assistir as aulas, esperar as datas para a realização das mesmas e uma vez aprovado receberá o certificado digital (POR EMAIL). Segue um vídeo sobre o assunto: https://youtu.be/OTLqGDQtFIY

https://youtu.be/OTLqGDQtFIY

O CADASTRO É COMPLICADO NOS TRIBUNAIS?

Via de regra não. São exigentes, o que está certo, pelo fato de assegurar que é a pessoa e não um terceiro que esta fazendo os cadastros. No curso oferecemos todos os links para clicar e conseguir o acesso ao cadastro (que somente deverá ser feito apo receber o certificado da escola). Segue o vídeo: https://youtu.be/FsDfo2NMWeY

https://youtu.be/FsDfo2NMWeY

PRECISO DE UM CCM (REGISTRO DE AUTÔNOMO PARA O CADASTRO)?

Sim, para a maioria dos cadastros você deverá ter um registro como autônomo em sua prefeitura. Cada uma tem uma regra, por isso que cada aluno deverá procurar sua prefeitura e pedir para fazer o cadastro como autônomo e apresentar o certificado. Segue o vídeo: https://youtu.be/Hz8fhROykZQ

https://youtu.be/Hz8fhROykZQ

Complementando, Cadastro de contribuinte mobiliário é o nome que é dado na cidade de São Paulo, como registro de autônomo na cidade para poder exercer a profissão de perito. Assim, o aluno deverá procurar sua respectiva prefeitura e dizer: Preciso fazer o meu cadastro como autônomo para exercer a profissão de perito aqui na Cidade. Não precisa de fazer mais de um cadastro. Apenas na sua cidade. Se mudar de cidade, tem que fazer o cadastro na cidade nova. Mesmo se cadastrando em outros estados não precisa fazer mais do que um registro como autônomo. Segue o vídeo explicativo: https://youtu.be/Hz8fhROykZQ

https://youtu.be/Hz8fhROykZQ

PRECISO DE UM CERTIFICADO DIGITAL PARA ATUAR COMO PERITO?

Sim, necessitará pelo fato de que os laudos devem ser encaminhados com o certificado digital qual deverá ser adquirida pelo aluno em locais específicos que fazem a venda do mesmo. Segue uma aula a qual explicamos: https://youtu.be/dQTDO4iZOUo

https://youtu.be/dQTDO4iZOUo

Complementando, vamos entender um ponto importante. O perito precisa de uma segurança para envio de laudos/pareceres e o tribunal deve ter essa certeza de que está recebendo para o mesmo. Assim, você deverá pesquisar na internet empresas que vendem o certificado digital, sugerimos o A3. Com esse "pendrive" você instala no computador e manda suas petições através do portal do Fórum. Segue o vídeo explicativo: https://youtu.be/vKWPOdZzTFs

https://youtu.be/vKWPOdZzTFs

PRECISO DE EQUIPAMENTOS MUITO CAROS PARA ATUAR COMO PERITO?

Os equipamentos para análise são os básicos para atuação, como um computador, acesso a internet, um microscópio adquirido em sites após uma pesquisa assim como uma impressora caso possível, seguem dois vídeos sobre o assunto: https://youtu.be/LQw1ngefYWc e https://youtu.be/JUWk5BZPXMo

https://youtu.be/LQw1ngefYWc   https://youtu.be/JUWk5BZPXMo

QUARTO CAPÍTULO

Como divulgar os trabalhos como perito?

POSSO FAZER REDES SOCIAIS COMO PERITO?

Sem dúvida! Trata-se de uma ferramenta muito importante, o perito deve ter facebook, instagram, twitter, etc. Isso fará com que seu trabalho seja conhecido. Sugerimos que não misture o lado pessoal e profissional, tendo em vista que pode confundir o futuro cliente, quando na pesquisa. Use essas formas digitais para mostrar seu trabalho. Segue o vídeo: https://youtu.be/mIyeSHKdxyA

https://youtu.be/mIyeSHKdxyA

PERITO GRAFOTÉCNICO TEM CONSELHO OU ORGÃO DE CLASSE?

Não. Inexiste conselho de classe, como autarquia, para a categoria de perito ou perita grafotécnica. Independe desse órgão para atuação como perito. Segue o vídeo: https://youtu.be/mjZ6BQX-TuA

https://youtu.be/mjZ6BQX-TuA

COMO ACELERAR OS GANHOS COMO PERITO?

Divulgação e bom trabalho. Para a primeira situação, as redes sociais e contatos pessoas ajudam demais. Um Blog, site, email´s, são formas de chegar nas pessoas de forma clara. E como fazer um bom trabalho como perito? Estudar. Não apenas no curso, mas comprar livros, ver artigos na internet sobre o tema, conversar com outros peritos. Segue um vídeo: https://youtu.be/5ZYYQmReEpA

https://youtu.be/5ZYYQmReEpA

QUINTO CAPÍTULO

Como dar início aos trabalhos como perito

TENHO PROBLEMAS NO MEU NOME (SCPC OU SERASA) OU PROBLEMAS NA JUSTIÇA, PODEREI ATUAR COMO PERITO?

Claro que sim. A lei não exclui pessoas que tenham algum problema na justiça de exercerem a profissão de perito. Obs. Se a pessoa trabalha como perito e respondeu um processo, na função de perito, por ter recebido valores ilícitos poderá ficar suspenso de exercer a profissão por até 5 anos, conforme artigo 468, parágrafo 2º do CPC. Veja o vídeo explicativo: https://youtu.be/nlpqT10izkE

https://youtu.be/nlpqT10izkE

O QUE SÃO CADASTRO DE CREDORES?

A fim de recebimento dos honorários, alguns tribunais exigem o documento, que pode ser obtido no próprio site do tribunal e registrar-se no Cadastro de Credores do Estado, para fins de recebimentos de valores junto aos órgãos e entidades do Poder Executivo.

QUAIS EQUIPAMENTOS E APLICATIVOS O PERITO UTILIZA?

Sugerimos um computador, um microscópio com USB e uma impressora. Sobre aplicativos, sugerimos o PhotoScape ou InksCape. Segue o vídeo: https://youtu.be/LQw1ngefYWc https://youtu.be/JUWk5BZPXMo https://youtu.be/k6ijUOBNI1w

https://youtu.be/LQw1ngefYWc   https://youtu.be/JUWk5BZPXMo   https://youtu.be/k6ijUOBNl1w

CASO O TRIBUNAL PEÇA PARA CADASTRO ALGUMA DECLARAÇÃO QUE NÃO EXISTE ÓRGÃO DE CLASSE, O QUE FAZER?

Existe um modelo padrão, em que é preenchido pelo expert, imprime, assina e manda ao tribunal.

Segue o modelo:

> DECLARAÇÃO DE INEXISTÊNCIA DE ÓRGÃO DE CLASSE OU NIVEL SUPERIOR PARA O CADASTRO COMO PERITO GRAFOTÉCNICO
>
> Eu, ..., Perito Grafotécnico, RG nº ...., CPF nº ...., declaro para os devidos fins e sob as penas da Lei, que NÃO EXISTE ÓRGÃO DE CLASSE para experts/peritos em Grafotecnia e Documentoscopia, nesse sentido, sendo impossível cumprir com a exigência. A formação pode ser comprovada por meio de certificado de conclusão de curso, que ensinou e formou o profissional na referida especialidade. As informações correspondem com a expressão da verdade e me responsabilizo civil e criminalmente pelas mesmas, assim como a não necessidade de nível superior, tendo em vista a ausência de cursos na área.
>
> Local e data
>
> —
> Assinatura do Declarante

SEXTO CAPÍTULO

Prática na perícia

EXPERT FOI NOMEADO PARA REALIZAR UMA ANÁLISE DE UMA ASSINATURA, COMO PROCEDER?

Dar o aceite, com valores dos honorários, prazos de entrega e informar se irá acontecer a coleta ou não. Ressalto que a ligação ao Diretor da Vara, em que foi nomeado é imprescindível a fim de estreitar os laços de trabalho e sanar as dúvidas de como enviar as petições.

QUAIS OS PRIMEIROS PASSOS QUANDO RECEBER O PDF DO PROCESSO PARA ANÁLISE?

Estar diante de um computador e não celular, essa regra vale muito. Se atentar as assinaturas questionadas e padrão. Apenas.

Se houver dúvidas sobre a procedência da assinatura veja o que esta escrito na petição inicial e defesa (mas antes de fazer essa leitura, veja as assinaturas e já tire suas conclusões, assim, não se deixará influenciar por argumentos de terceiros).

DEVO ANALISAR A ASSINATURA COMO UM TODO OU PARTES DELA?

Vai do estilo de cada um. Particularmente, gosto de analisar por partes (ataque, arremate, inclinação, etc...). Assim, faço o comparativo das assinaturas em pontos específicos das assinaturas. Questão de escolha.

PREFIRO SEMPRE FAZER A COLETA PRESENCIAL OU APENAS A VIRTUAL, ALGUM PROBLEMA?

Nenhum problema, desde que avisado com antecedência ao Juiz através do aceite a forma que ocorrerá a coleta. A escolha é do perito, sempre.

PERDI O PRAZO PARA ENTREGA DO LAUDO, IREI PRESO OU MULTADO?

Não. (Mas deveria- brincadeira). Um dos maiores erros do profissional é não entregar no prazo. Verificou-se que haverá atraso, ANTES DE VENCER O PRAZO, informe o juiz que está fazendo uma análise minuciosa do processo e precisará de mais "x" dias. Isso também não é bom, mas demonstra o mínimo de responsabilidade com o Juiz. Veja o artigo 468 do CPC sobre os efeitos.

O PERITO RECEBEU UMA PROPOSTA DE CORRUPÇÃO O QUE FAZER?

O perito tem duas escolhas. A primeira dizer não e fazer seu trabalho sem mais nada dizer. A segunda é gravar e depois informar as autoridades, podendo ser a delegacia ou MP. Veja que não vejo a possibilidade de aceitar JAMAIS, caso seja feito o perito responderá civil e penalmente sobre o ato. Não conte com minha ajuda.

POSSO FAZER MAIS UMA COLETA, POIS NA PRIMEIRA NÃO SENTI CONFIANÇA.

Sim. Pode, porém não é o ideal pois mostra despreparo por parte do perito. O profissional resolve numa única vez a coleta, mas se achar imprescindível, faça. Evidente como o erro foi do perito, não poderá pedir acréscimo de honorários. Segue o vídeo: https://youtu.be/hNfU1OMn_qc

https://youtu.be/hNfU1OMn_qc

ENTREGUE O LAUDO POSSO PEDIR SUA RETIFICAÇÃO?

Poderá o perito juntar um novo laudo, antes da sentença. Podendo até mesmo mudar sua opinião. Os motivos são os mais diversos e cabe a um. Informe o Juiz os motivos e junte o novo laudo. Segue um vídeo com os maiores erros no início da carreira: https://youtu.be/_RdFObHGDFI

https://youtu.be/_RdFObHGDFI

JÁ FIZ O ACEITE NO PROCESSO, POSSO COMEÇAR A TRABALHAR?

Não. Explico. Quando se dá o aceite, de um processo às partes tem 15 dias para impugnar a escolha do perito, conforme artigo 465 do CPC:

> Art. 465. O juiz nomeará perito especializado no objeto da perícia e fixará de imediato o prazo para a entrega do laudo.
>
> § 1º Incumbe às partes, dentro de 15 (quinze) dias contados da intimação do despacho de nomeação do perito:
>
> I - argüir o impedimento ou a suspeição do perito, se for o caso;
>
> II - indicar assistente técnico;
>
> III - apresentar quesitos.

Mas por que impugnariam o perito? Conforme o artigo 467 do CPC determina:

> Art. 467. O perito pode escusar-se ou ser recusado por impedimento ou suspeição.

Se tiver ligação com uma das partes o perito não poderá aceitar e recusar o laudo.

Por fim, sugerimos que aguardem o prazo de impugnação do perito e, não havendo, inicie os trabalhos.

O QUE É PROVA TÉCNICA SIMPLIFICADA?

Quando o juiz nomeia um perito para uma opinião pontual, muitas vezes na audiência em que o expert irá informar se a assinatura é verdadeira ou falsa. Sua base legal esta no artigo 464, § 3º A prova técnica simplificada consistirá apenas na inquirição de especialista, pelo juiz, sobre ponto controvertido da causa que demande especial conhecimento científico ou técnico. Claro que o expert foi intimado antes e já analisou o processo. Segue a aula: https://youtu.be/HVNW5I-ajwY

https://youtu.be/HVNW5I-ajwY

TERMINADO O LAUDO O QUE PERITO DEVE FAZER?

Entrar em contato com o diretor do fórum, informar que já encerrou os trabalhos, antes do prazo e deseja fazer a entrega do laudo. Será feito através do Eproc (ou similar) através de assinatura digital.

DEVO PEDIR O PAGAMENTO DOS HONORÁRIOS?

Como já descrito anteriormente trata-se de um direito do perito, mas por não ter um prazo específico na lei, o bom senso se faz presente.

SETÍMO CAPÍTULO

Ponta pé inicial no trabalho

FIZ O MEU CADASTRO NOS TRIBUNAIS, POSSO ESPERAR SER NOMEADO?

  Minha orientação é não! Omissão é um dos pecados mais cruéis que existe. O cadastro nos tribunais é o primeiro passo, o mais simples, não requer sequer sair de casa. Mas como disse, é o primeiro passo. Após o cadastro nos tribunais, mandar emails para as mesmas, visitar os fóruns, sem dúvida é um passo muito importante. Segue um vídeo: https://youtu.be/OTLqGDQtFIY

https://youtu.be/OTLqGDQtFIY

ALÉM DO PASSO NOS FÓRUNS POSSO TRABALHAR EM OUTROS LOCAIS?

  Sem dúvida. Além dos fóruns, o envio de mensagens personalizadas e individuais, para as mesmas, se oferecendo como assistentes técnicos, ou seja, trabalhar nos processos mas a favor de uma das partes. Segue o vídeo: https://youtu.be/x5cKaaOA4QY

https://youtu.be/x5cKaaOA4QY

FUI NOMEADO NUM PROCESSO COMO PERITO POSSO COBRAR QUANTO?

Depende. O expert deve ver se o processo é justiça gratuita (normalmente ser respeita a tabela de honorários do tribunal, a qual poderá ser obtida no site do fórum respectivo ou com o diretor da vara) ou o processo é justiça paga (Nesse caso o expert determina o valor dos honorários que irá depender da complexidade do caso). Segue o vídeo: https://youtu.be/ik_s2hoEewQ

https://youtu.be/ik_s2hoEewQ

EM QUANTO TEMPO O PERITO RECEBERÁ SEUS HONORÁRIOS?

Depende da vara e de como o perito se porta junto a mesma. Explico. Com ética, transparência e mostrando sinceridade, o alvará será expedido o mais breve possível, pois na lei não há um prazo para que o cartório pague o perito, assim, por via telefone ou pessoal e informar ao Diretor da vara que pode antecipar o pagamento, acredita-se que é possível o pagamento rápido. Segue o vídeo: https://youtu.be/vat7q1IcRmA

https://youtu.be/vat7q1IcRmA

PODE O PERITO PEDIR A ANTECIPAÇÃO DE 50% DOS HONORÁRIOS ANTES DO TRABALHO?

Sim, não importa que é justiça gratuita, os valores poderão ser antecipados, conforme artigo 465, parágrafo 4º. Segue o vídeo: https://youtu.be/IYNnHxaZXH4

https://youtu.be/IYNnHxaZXH4

O PERITO FOI NOMEADO, QUAIS SÃO OS PROCEDIMENTOS?

Primeiro lugar receber a nomeação é um misto de alegria e surpresa, pois estão se abrindo novas portas para um novo momento. O expert deverá ligar na vara, agradecer o Diretor. Perguntar como se faz o aceite, o pedido de honorários. Se o Juiz gosta de um laudo maior ou mais condensado, enxuto. Como se faz para mandar as peças e laudos. Essas perguntas são muito importantes de serem feitas. Segue o vídeo: https://youtu.be/UIugOpZT7wU https://youtu.be/8uHIRce1s38 https://youtu.be/eNFey2qNUr4

https://youtu.be/UIugOpZT7wU   https://youtu.be/8uHIRce1s38   https://youtu.be/eNFey2qNUr4

POR QUE MUITIOS COLEGAS SÃO NOMEADOS E EU NÃO?

Simples. São dois fatores. O primeiro é que não esta seguindo os procedimentos que falamos no curso, ou seja, o passo a passo para obter o retorno. O segundo passo é justamente acreditar e fazer o que dissemos. Assista o vídeo explicativo: https://youtu.be/JPmiLVgDKjg
https://youtu.be/YL_SF63-t_Y

https://youtu.be/JPmiLVgDKjg   https://youtu.be/YL_SF63-t_Y

COMO FAÇO UM LAUDO QUE O JUIZ IRÁ GOSTAR.

Bom, primeiro passo é justamente respeitar os requisitos do artigo 473 do CPC, em que determina:

Art. 473. O laudo pericial deverá conter:
- *a exposição do objeto da perícia;*
- *a análise técnica ou científica realizada pelo perito;*
- *a indicação do método utilizado, esclarecendo-o e demonstrando ser predominantemente aceito pelos especialistas da área do conhecimento da qual se originou;*
- *resposta conclusiva a todos os quesitos apresentados pelo juiz, pelas partes e pelo órgão do Ministério Público.*

§1º No laudo, o perito deve apresentar sua fundamentação em linguagem simples e com coerência lógica, indicando como alcançou suas conclusões.

§2º É vedado ao perito ultrapassar os limites de sua designação, bem como emitir opiniões pessoais que excedam o exame técnico ou científico do objeto da perícia.

§3º Para o desempenho de sua função, o perito e os assistentes técnicos podem valer-se de todos os meios necessários, ouvindo testemunhas, obtendo informações, solicitando documentos que estejam em poder da parte, de terceiros ou em repartições públicas, bem como instruir o laudo com planilhas, mapas, plantas, desenhos, fotografias ou outros elementos necessários ao esclarecimento do objeto da perícia.

A escrita deve ser clara e objetiva, apenas sobre a assinatura que foi questionada. Quanto mais específico será melhor.

Temos os modelos dos laudos no curso, completo, que poderá ser utilizado pelo expert. Segue o vídeo explicativo: https://youtu.be/y6Es4Q3_sBw

https://youtu.be/y6Es4Q3_sBw

COMO QUESTIONAR UM LAUDO MUITO BOM?

Com técnica. Com certeza o perito não se utilizou de todas as ferramentas de análise (que estão em nossa tabela da jusexpert) e caso tenha utilizado, você poderá utilizar outros pontos da assinatura que não foram analisados pelo perito. Segue o vídeo: https://youtu.be/1wD6PUWLOR4

https://youtu.be/1wD6PUWLOR4

DEVO FAZER A COLETA EM TODOS OS PROCESSOS?

Nossa sugestão que sim. Mesmo de forma virtual, pois isso dará muito mais credibilidade ao seu laudo. Veja os modelos que temos de coleta de assinatura no curso, assim como a aula: https://youtu.be/vmsrNU5oDvw

https://youtu.be/vmsrNU5oDvw

POSSO FAZER UM TRABALHO OU COLETA DE OUTRO ESTADO?

Sem dúvida, seu trabalho é remoto e você pode contratar outra pessoa (que não precisa ser perita) na localidade que esta o processo (pode fazer isso pelo nosso grupo de alunos do telegram ou no site migalhas) acerte os valores do mesmo, assim como os prazos e realize o trabalho. Nesse ato a pessoa fará a coleta e pode transmitir para você, em horário agendado. Segue o vídeo: https://youtu.be/qUp2JXc7F9Y

https://youtu.be/qUp2JXc7F9Y

PODEM SURGIR ALGUMAS DÚVIDAS SOBRE A COLETA VIRTUAL?

Claro. Mas siga a dica. Sempre marque com os advogados que poderá colher pra você, mas caso você queira mandar alguém acompanhar (e claro, você remunera essa pessoa, o valor depende do local, distância, etc), e marque o dia a e a hora para a mesma. Mande o link da gravação, pode ser por qualquer aplicativo que faça essa situação, ex. Google Meet, Zoom, etc. Segue o vídeo: https://youtu.be/4mmhuDNyH_U

https://youtu.be/4mmhuDNyH_U

O JUIZ PODE DETERMINAR QUE O PERITO FAÇA A COLETA DE ASSINATURAS?

Dependerá da complexidade do caso. Sugiro que informe ao juiz, desde o início (do aceite) que a coleta será virtual ou presencial, com sua presença ou um terceiro.Transparência sempre. E informe ao juiz que a necessidade da coleta é importante, mas nos moldes que você, expert, acredita, pois é o especialista no assunto. Segue o vídeo: https://youtu.be/ThkfK9mzHnM

https://youtu.be/ThkfK9mzHnM

O QUE FAZER SE NA COLETA DE ASSINATURAS A PESSOA NÃO COMPARECER?

Por isso que defendo a coleta virtual, pois não perco tempo caso o municipiando não compareça. Mas avise ao juiz do fato, remarque e caso reitere a falta, avise que o laudo será feito com o que tem nos autos. Segue o vídeo: https://youtu.be/qvnalIkbLlc

https://youtu.be/qvnalIkbLlc

O PERITO PODE FILMAR E GRAVAR NO MOMENTO DA PERÍCIA?

Sim, trata-se de uma forma robusta que a mesma foi feita e sugiro ainda que o perito peça o documento e confira do municipaliando. Segue o vídeo: https://youtu.be/Er1lAaOHhIs

https://youtu.be/Er1lAaOHhIs

OITAVO CAPÍTULO

Trabalho de assistente técnico

QUAL A DIFERENÇA DE ASSISTENTE TÉCNICO E PERITO JUDICIAL?

O primeiro á chamado pelas partes para questionar o laudo do perito, que foi nomeado pelo Juiz. Segue a aula: https://youtu.be/x5cKaaOA4QY

https://youtu.be/x5cKaaOA4QY

QUAL O SEGREDO PARA SER UM BOM ASSISTENTE TÉCNICO?

Estudar o caso com riqueza de detalhes e verificar quais os pontos que ficaram faltando no laudo e informar, em seu parecer, seus argumentos. Segue o vídeo: https://youtu.be/CcgY7EWtZvg

https://youtu.be/CcgY7EWtZvg

QUAL A MISSÃO DO ASSISTENTE TÉCNICO?

Mostrar com justiça a veracidade sobre um determinado ponto, ou seja, sobre a assinatura padrão e questionada. Segue o vídeo: https://youtu.be/gfVUu8sCLgM

https://youtu.be/gfVUu8sCLgM

COMO FAZER UM PARECER TÉCNICO BEM FUNDAMENTADO?

O parecer deve conter pontos que não foram feitos pelo perito em seu laudo. Quanto mais detalhista for o assistente, melhor será seu trabalho. Segue o vídeo: https://youtu.be/Pwv5IwTYYdQ

https://youtu.be/Pwv5IwTYYdQ

PARA ATUAR COMO ASSISTENTE TÉCNICO TEM QUE TER CADASTRO NOS TRIBUNAIS?

Não. Pelo fato de quem chama o assistente são as partes (autor ou réu), independe de cadastro em tribunais. Segue o vídeo: https://youtu.be/35-4x_kxkC4

https://youtu.be/35-4x_kxkC4

O ASSISTENTE TÉCNICO DEVE EMITIR NOTA FISCAL?

Depende de quem contratou que poderá exigir ou não a referida nota fiscal. Segue o vídeo explicativo: https://youtu.be/wBNi53vQ9zs

https://youtu.be/wBNi53vQ9zs

QUAL O VALOR QUE O ASSISTENTE TÉCNICO DEVE COBRAR?

Os honorários do assistente técnico deve ser pactuado entre o assistente e o contratante, sempre partindo do princípio da hora/atividade do assistente de R$ 350,00. Veja o vídeo explicativo: https://youtu.be/2UOCFjp8rak

https://youtu.be/2UOCFjp8rak

NONO CAPÍTULO

Dúvidas diversas que surgem no caminho do perito

QUAL A MELHOR MANEIRA DE RESPONDER A QUESITOS?

De forma objetiva. Pontualmente aquilo que foi perguntado, desde que, tenha pertinência com a perícia. Caso contrário, o quesito deverá contar como prejudicado. Segue o vídeo sobre: https://youtu.be/WIYtd4pc-hk

https://youtu.be/WIYtd4pc-hk

CASO EXISTAM NOVOS QUESITOS O PERITO PODE PEDIR A MAJORAÇÃO DE HONORÁRIOS?

Sem dúvida, por ser tratar de um trabalho suplementar e como complemento ao que havia sido açodado, indubitavelmente que estamos diante de uma situação em que se espera mais trabalho, logo, mais honorários. Veja o vídeo sobre o tema: https://youtu.be/Eg7e-ZF6GDs

https://youtu.be/Eg7e-ZF6GDs

O GRAFISMO PODE TER INFLUÊNCIA NA PERÍCIA?

Sem sombra de dúvida! O conhecimento dos aspectos psicológicos do agente faz com que a análise seja completa, isso faz a diferença no resultado final, pois o perito não fica limitado apenas na escrita, mas sim no todo. Segue o vídeo de apontamento sobre o tema: https://youtu.be/1p–Oe_f0Tg

https://youtu.be/1p-Oe_f0Tg

COMO FAZER AS INSCRIÇÕES NOS TRIBUNAIS?

Basicamente é juntar os documentos pessoais e certificados e seguir o passo a passo do tribunal, cada um com sua especificidade. Segue o vídeo: https://youtu.be/4aO9MZoxAgg

https://youtu.be/4aO9MZoxAgg

QUAIS ALTERAÇÕES PODEM TER NUM DOCUMENTO?

As mais variadas. Desde enxerto de dados, supressão de dados, etc. Situações em que os peritos devem analisar o todo, não apenas a assinatura. Segue o vídeo: https://youtu.be/LnmEtNDi6iA

https://youtu.be/LnmEtNDi6iA

POSSÍVEL SABER SE A PESSOA ESCREVE COM A MÃO DIREITA OU ESQUERDA?

Somos signatários da corrente que não, pelo fato de que o simples ato de segurar o instrumento escritor, ex. caneta, pode fazer essa alteração no movimento. Desta forma, não defendemos a tese de qual mão foi feita a assinatura. Segue o vídeo: https://youtu.be/ZA1rvgPKZRo

https://youtu.be/ZA1rvgPKZRo

QUAL A ASSINATURA MAIS SEGURA QUE A PESSOA PODE TER?

Não há dúvidas, a assinatura mais segura que a pessoa pode ter é justamente a escrita cursiva o nome completo da pessoa (quanto maior o nome melhor) pelo fato de que existem muitos elementos sobre a análise. Segue o vídeo: https://youtu.be/ulUx7tbT__c

https://youtu.be/ulUx7tbT__c

O QUE É O MODELO GRAFOCINÉTICO DA JUS EXPERT?

Trata-se de um modelo exclusivo, o qual o perito poderá analisar as assinaturas e compará-las de forma objetiva com um percentual exato da convergência e divergência. Somente a jus expert tem esse modelo que segue abaixo, que esta no módulo 2 do curso completo. Segue vídeo com a explicação: https://youtu.be/W-L8H_GjClO

https://youtu.be/W-L8H_GjClO

Segue a tabela abaixo:

ANÁLISE GRAFOSCÓPICA		
ANÁLISES	**PADRÃO**	**QUESTIONADO**
SUBJETIVAS		
Ritmo	Fraco	Médio
Dinamismo	Médio	Alto
Velocidade	Moderada	Moderada
Habilidade	Canhestra	Canhestra
OBJETIVAS		
Letra	Imprensa	Imprensa
Ataque	Ensaiado	Ensaiado
Remate	Ensaiado	Ensaiado
Gramas (forma)	Curvilíneo	Circular
Gramas (posição)	Não passante	Passante inferiores
Hábitos gráficos	Linhas de Impulso	Helicoidal
Trajetória	Sinistro-destro	Horário
Espontaneidade	Fluída	Trêmula
Traços de ligação	Por baixo	Por baixo
Alinhamento	Horizontal	Descendente
Momentos gráficos	2	5
Espaçamentos gráficos	Curto	Médio
Inclinação axial	Vertical	Dextrogira
Proporcionalidade	Baixa	Baixa
Calibre	Pequeno	Pequeno
Pressão	Fraca	Fraca
Gladiolagem	Constante	Negativa
Tendência de punho	Angulosidade	Mista
	CONVERGÊNCIA	**DIVERGÊNCIA**
QUANTIDADE	9	13
PERCENTUAL %	40.91	59.09
RESULTADO FINAL		
DIVERGENTE		

COMO SABER QUE A ASSINATURA OU O CARIMBO FOI APOSTADO PRIMEIRO?

Essa situação apenas poderá ser verificada apenas com o microscópio, pois verificará qual traçado foi feito primeiro. Veja a aula: https://youtu.be/Pa8H5m5ndPA

https://youtu.be/Pa8H5m5ndPA

PARA OBTER MINHA CERTIDÕES CÍVEIS E CRIMINAIS, PARA O CADASTRO, TENHO QUE PAGAR?

Dependerá de cada estado. Alguns cobram valores, outros não. Deve-se atentar a região. Veja o vídeo: https://youtu.be/7AlxmUtvwNQ

https://youtu.be/7AlxmUtvwNQ

QUAIS PESSOAS NÃO PODERÃO TRABALHAR COMO PERITO?

São 2 pessoas. Quem esta recebendo algum benefício do INSS (auxílio doença) ou aposentadoria por invalidez. Quem esta em qualquer outra situação que não sejam essas duas, junto ao INSS poderá fazer. E o serventuário da justiça que trabalha em fóruns também não pode atuar. Qualquer outro funcionário é liberado para trabalhar. Segue o vídeo: https://youtu.be/giQkwX6A1_w

https://youtu.be/giQkwX6A1_w

COMO É O TRATAMENTO DO SERVIDOR DO FÓRUM COM O PERITO?

Como qualquer pessoa, uma vez sendo educado, receberá o tratamento igual. De um modo geral, os peritos são muito bem tratados pelos servidores. Veja o vídeo: https://youtu.be/SEe5jDDGaTc

https://youtu.be/SEe5jDDGaTc

CERTIFICADO DA JUS EXPERT É VÁLIDO EM TODOS OS TRIBUNAIS?

Sim, esta de acordo com a quantidade de horas mínimas que todos os tribunais exigem para cadastrar os peritos formados na jus expert, assim como com código de confirmação do mesmo.

PROCESSO COM MAIS UMA ÁREA DE CONHECIMENTO PODE TER MAIS DE UM PERITO?

Sim. Talvez o processo exija uma quantidade maior de vários peritos, exemplo grafotécnico e arquiteto. Cada um na sua área. Ambos realizam suas atividades individualmente e recebem por isso. Segue o vídeo: https://youtu.be/IlujYT5_DuM

https://youtu.be/IIujYT5_DuM

QUANDO O LAUDO É IMPUGNADO O PERITO RECEBERÁ OS VALORES?

Claro. Grave uma coisa expert, a impugnação é uma praxe comum, não se preocupe quanto a isso. Independentemente se o Juiz irá acolher ou não a impugnação o perito receber os valores.

OS ADVOGADOS PODEM INDICAR PERITOS?

Sim, é uma das prerrogativas do advogado indicar peritos ao juiz conforme o novo CPC de 2015. Por isso a divulgação do nome do perito para advocacias se faz muito necessário. Veja o vídeo: https://youtu.be/3zLgxmzMOUA

https://youtu.be/3zLgxmzMOUA

Art. 471. As partes podem, de comum acordo, escolher o perito, indicando-o mediante requerimento, desde que:

I - sejam plenamente capazes;

II - a causa possa ser resolvida por autocomposição.

§ 1º As partes, ao escolher o perito, já devem indicar os respectivos assistentes técnicos para acompanhar a realização da perícia, que se realizará em data e local previamente anunciados.

§ 2º O perito e os assistentes técnicos devem entregar, respectivamente, laudo e pareceres em prazo fixado pelo juiz.

§ 3º A perícia consensual substitui, para todos os efeitos, a que seria realizada por perito nomeado pelo juiz.

COMO FUNCIONA A LUZ AZUL PARA DOCUMENTOS?

Com esse equipamento que pode ser adquirido em sites especializados, pode-se verificar as marcas d água no documento que a olho nu não se vê, uma boa segurança. Segue o vídeo: https://youtu.be/nU1SEYOvPjE

https://youtu.be/nU1SEYOvPjE

QUAIS SÃO OS CUIDADOS NO PRIMEIRO LAUDO?

Análise do processo nas partes que constam as assinaturas, assim como a utilização da tabela grafoscópica e, em especial, utilização dos nossos modelos de laudos que existem no curso, com isso é um ótimo passo para o início dos trabalhos. O expert não deve se atentar as questões processuais, isso é matéria do advogado, o expert deve se limitar a analisar a assinatura. Veja o vídeo: https://youtu.be/FVRe3_KxUGk

https://youtu.be/FVRe3_KxUGk

O PERITO DEVE ENTENDER DE LEIS PARA A ATIVIDADE DE GRAFOTÉCNICO?

A bem da verdade, todos os cidadãos deveriam saber sobre o mínimo das leis, para conhecer seus direitos e deveres, mas do ponto de vista do perito, conhecendo o básico que esta no CPC a partir do artigo 464 e seguintes, assim como a aula de fluxograma que fornecemos no curso, sem dúvida estará amparado. Segue o vídeo: https://youtu.be/wIWatzYPT20

https://youtu.be/wIWatzYPT20

O PERITO DEVE INVESTIGAR A PESSOA QUE ESTA PERICIANDO?

Depende. Uma vez em que o perito visualiza que esta diante de uma fraude ou mentira, fazer perguntas ao periciando como esta sua saúde, assim como pedir atestados médicos, dentre outros documentos que achar importante, em face o caso, fará a diferença no laudo. Segue o vídeo: https://youtu.be/Ddy2VPyrOgU

https://youtu.be/Ddy2VPyrOgU

É RENTÁVEL SER PERITO JUDICIAL?

Dependerá do trabalho que o perito fará. Tem aqueles que fazem apenas os cadastros nos tribunais e esperam as nomeações, tem outros que além disso vão até as varas e se apresentam e existem os terceiros que faz tudo isso a ainda manda email e visita empresas para atuarem como assistentes. Escolha a sua. Veja o vídeo: https://youtu.be/mT6NbOEfu7g

https://youtu.be/mT6NbOEfu7g

PODE SURGIR UMA PERÍCIA NUMA CARTA PSICOGRAFADA?

Sim, o juiz poderá pedir o exame grafotécnico e a análise deverá ser feita sem nenhum tipo de crítica ou fé, mas sim uma análise fria e isenta como realizamos. Segue o vídeo: https://youtu.be/W28mHQRPCdE

https://youtu.be/W28mHQRPCdE

PRECISO ME ATUALIZAR NA CARREIRA DE PERITO?

Evidente. O segredo para o insucesso é nada mais fazer. Buscar informações, querer crescer. Parar é ficar sempre na mesma. Os tribunais exigem atualização anual do expert. Sugiro o vídeo: https://youtu.be/HItxSdzZyPA

https://youtu.be/HItxSdzZyPA

É POSSÍVEL SABER A DATA DO DOCUMENTO?

Típica situação que não é a função do perito grafotécnico pelo fato de que são outras áreas do conhecimento que abordam esse tema. Segue o vídeo: https://youtu.be/kpkxez2Lwx0

https://youtu.be/kpkxez2Lwx0

CAPÍTULO 7

APROFUNDAMENTO DOUTRINÁRIO SOBRE O TEMA

Aula sobre o tema:

https://youtu.be/r8ORRtZom5g   https://youtu.be/DY8DCficbyY

O QUE É A ANÁLISE CIENTÍFICA DAS ASSINATURAS?

Trata-se da atividade do perito em que poderá alegar que as assinaturas foram comparadas com os seguintes equipamentos: Lupas, Microscópios digital e Réguas. Cumpre salientar o texto abaixo, tendo em vista que o perito se utiliza de teoria e prática, demonstrados em artigos e livros, o que não deixa dúvida da conclusão apresentada a esse D. Juízo. A importância em assinar um documento significa avalizar sua autenticidade, significa dar fé ao que está escrito. Mas, como comprovar a autenticidade e a veracidade dos fatos se alguém está negando a autoria caligráfica do mesmo? Como assegurar que seja feita justiça e que a verdade seja revelada?

É para resolver estas e muitas outras questões que muitos Juízes, Promotores e Advogados têm recorrido, à Perícia Grafotécnica visando esclarecer dúvidas referentes a lançamentos gráficos questionados.

Estes lançamentos geralmente têm a sua autoria negada por determinada pessoa, e é neste cenário que aparece a figura do Perito Grafotécnico, um especialista capaz de suprir os membros do judiciário dos conhecimentos técnicos e científicos necessários ao esclarecimento da verdade.

O QUE SE DEVE ENTENDER POR GRAFOTÉCNICA?

Perícia Grafotécnica não é mágica, é ciência e como ciência sempre levará a resultados conclusivos, desde que suas leis e técnicas sejam seguidas com profissionalismo e imparcialidade. Entre as leis que regem a grafoscopia podemos citar a lei elaborada pelo grande Perito Francês Solange Pellat que diz:

> "O gesto gráfico está sob a influência imediata do cérebro. Sua forma não é modificada pelo órgão escritor se este funciona normalmente e se encontra suficientemente adaptado à sua função".

Desta forma, todos os nossos lançamentos gráficos são oriundos de nosso cérebro e executados por nós de forma inconsciente, restando aos nossos membros apenas interpretar as ordens cerebrais, e por esta lei, mesmo que oescritor perca um de seus membros conseguirá após algum treino realizar o mesmo gesto gráfico que executava com o seu membro principal.

O maior exemplo deste fato é o de pintores que após sofrerem algum acidente e ficarem com suas mãos paralisadas passam a pintar com os pés ou até mesmo com a boca.

Gesto Gráfico torna-se assim uma criação única impossível de ser falsificado, sem que na falsificação apareçam marcas e evidencias da tentativa de fraude e a inclusão de características próprias do falsificador e não do titular do gesto gráfico. Todavia para que o perito possa efetuar o seu trabalho, é necessário respeitar determinados critérios como: adequabilidade, contemporaneidade, quantidade e autenticidade. Estando estes critérios respeitados a perícia fluirá de forma clara e transparente levando a um resultado conclusivo.

Além destes critérios técnicos existem também outros aspectos que devem ser considerados como, os elementos de ordem genérica, elementos de ordem genética, morfologia da escrita e a familiaridade gráfica.

Todos estes aspectos quando examinados em conjunto levam o perito grafotécnico a solução do caso que lhe foi apresentado, explicitada através do Laudo Pericial Grafotécnico, peça única e individualizada que passará a ser prova no processo judicial.

Afirmar a autenticidade ou a falsidade de lançamentos gráficos questionados não é tarefa fácil, pois ao fazê-lo o Perito tem que ter certeza absoluta do resultado pericial, pois o seu laudo será uma importante ferramenta que suprirá os magistrados em suas sentenças.

O perito tem a obrigação de responder aos quesitos formulados pelos advogados e assistentes técnicos das partes, de forma direta eobjetiva, esclarecendo os pontos duvidosos e obscuros sempre com o objetivo de revelar a verdade.

Ter um bom relacionamento com os advogados e assistentes técnicos das partes também é fundamental para garantir transparência ao trabalho, pois imparcialidade é o mínimo que se espera de um perito nomeado para exercer tão nobre função, através da imparcialidade e do livre acesso dos advogados ao andamento da perícia.

O perito grafotécnico terá reciprocidade das partes que facilitaram o fornecimento dos padrões de confronto necessários para execução dos trabalhos, neste caso chamados de peças padrão e peças testes.

O perito grafotécnico não pode jamais recusar as nomeações oriundas de processos com o benefício da gratuidade de justiça, pois ao fazê-lo estará negando auxílio às partes, ao judiciário e também à sociedade, quebrando assim uma relação de confiança e lealdade que une o perito a magistratura.

O QUE SE ENTENDE POR GRAFOSCOPIA?

A Grafoscopia tradicional foi concebida com o objetivo de esclarecer questões criminais. Tratando-se de um campo da criminalística, ela tem sido conceituada como a área cuja finalidade é a verificação da autenticidade da autoria de um documento a partir de características gráficas utilizadas na elaboração de um documento [JUSTINO, 2001].

O que determina um exame é o subjetivismo do perito, por isso a importância dos métodos de informática, a afastarem pouco da subjetividade do exame.

QUAIS SÃO OS ELEMENTOS DA GRAFIA?

Na análise grafotécnica pode-se encontrar alguns termos elementares da grafia que devem ser ressaltados, vejamos [JUSTINO, 2001]:

l) Campo gráfico é o espaço bidimensional onde a escrita é feita.
m) Movimento gráfico é todo o movimento de dedos que o indivíduo faz para escrever, sendo que cada movimento gráfico gera um traço gráfico.
n) Traço é o trajeto que o objeto da escrita descreve em um único gesto executado pelo autor.
o) Traço descendente, fundamental, pleno, ou grosso é todo o traço descendente e grosso de uma letra.
p) Traço ascendente ou perfil é o traço ascendente e fino de uma letra.
q) Ovais são os elementos em formas de círculo das letras "a, o, g, q", dentre outras.
r) Hastes são todos os traços plenos (movimento de descanso) das letras "l", "t", "b", "f", etc. até a base da zona média. Também são consideradas hastes os traços verticais do "m" e do "n" maiúsculo e minúsculo.
s) Laçadas inferiores são todos os planos (descendentes) do "g", "j","y", "f", etc. a partir da zona média até embaixo.
t) Bucles são todos os traços ascendentes (perfis) das hastes das laçadas inferiores e, por extensão, todo o movimento que ascende cruzando a haste e unindo-se a ela formando círculo.
u) Partes essenciais são o esqueleto da letra, a parte indispensável da sua estrutura.
v) Parte secundária ou acessória é o revestimento ornamental ou parte não necessária à sua configuração.

Nas letras são distinguíveis algumas diferentes zonas, confira:

f) Zona inicial é a área onde se encontra o ponto no qual se inicia a letra.
g) Zona final é a área onde se encontra o ponto no qual termina a letra.
h) Zona superior é a área onde se encontra o ponto mais alto ocupado pelas hastes, pelos pontos e acentos, pelas barras do "t" e parte das letras minúsculas.
i) Zona média é a área central ocupada por todas as vogais minúsculas (a, e, i, o, u) e pelas letras "m" e "n", "r", etc, cuja altura toma-se como base para medir o nível de elevação das hastes e o nível de descanso das laçadas inferiores.
j) Zona inferior é a zona baixa da escrita a partir da base de todos os ovais descendentes, das letras maiúsculas ou de outras letras.

COMO SE FAZ A ANÁLISE DE ASSINATURAS MANUSCRITAS BASEADA NOS PRINCÍPIOS DA GRAFOSCOPIA?

A biometria é a utilização de características biológicas (face, íris, impressão digital) ou tratamento comportamental (assinatura e voz) para a verificação da identidade do indivíduo.

Autenticação biométrica é entendida como uma alternativa, mais confiável, aos sistemas de segurança baseados em senha, pois é relativamente difícil de ser falsificada, roubada ou obtida.

Em particular, a assinatura está relacionada ao comportamento biométrico: ela não é baseada em propriedades físicas, tal como a impressão digital ou a face de um indivíduo, mas apenas em características comportamentais [KHOLMATOV, 2003].

Muitas vezes, pelo fato de estar sujeita a uma análise subjetiva, que pode gerar discordâncias, a detecção de autenticidade de assinaturas constitui-se em uma tarefa complexa, pois a verificação manual para uma grande quantia de documentos é tediosa e facilmente influenciada por fatores físicos e psicológicos [XIAO & LEEDHAM, 1999].

No campo computacional, a verificação de assinaturas estáticas continua sendo um problema em aberto, não existindo um método totalmente aceito.

Uma abordagem que incorpore a visão subjetiva de forma satisfatória, certamente encontrará aplicações práticas, principalmente no que diz respeito a sistemas de automação bancária e comercial. Atualmente, com recursos computacionais mais eficazes, tarefas que há alguns anos pareciam inviáveis agora atraem novas pesquisas.

Dentro deste contexto, a verificação de assinaturas é um importante e desafiadora área de estudos na qual buscam-se soluções computacionais automatizadas relacionadas à autenticação, procurando estabelecer uma comparação segura entre um modelo de assinatura conhecido com um outro questionado.

O uso da análise grafotécnica pericial utilizada em ciências forenses representa um nicho de pesquisa que se encaixa perfeitamente na verificação de assinaturas manuscritas.

Desta forma, os critérios técnicos dos peritos são empregados na análise das características da escrita, as quais podem ser conscientes ou inconscientes, como também na decisão da autenticidade.

QUAIS SÃO AS PRINCIPAIS DEFINIÇÕES E TERMINOLOGIAS NA GRAFOTÉCNICA?

Para efeito desta Norma, aplicam-se as seguintes definições e terminologias:

g) Grafoscopia: é a disciplina que tem por finalidade determinar a origem do documento gráfico.
h) Documento Gráfico: é o suporte que contém um registro gráfico.
i) Escrita: é o registro gráfico que deve conter elementos técnicos mínimos para a determinação de sua origem.
j) A Grafoscopia também possui outras denominações: Grafística, Grafotécnica, Grafocrítica, Grafotecnia, Perícia Gráfica, perícia Caligráfica, Perícia Grafotécnica, Documentologia, Documentoscopia e Grafodocumentoscopia.

k) Tipos de Perícias Grafoscópicas: define as espécies consoante os exames necessários.

l) Objetos: representados pelos suportes, registros gráficos e instrumentos escreventes que produzem o documento gráfico.

QUAL A ATRIBUIÇÃO PROFISSIONAL DO PERITO?

As Perícias Grafoscópicas deverão ser realizadas apenas por profissionais especializados e dentro das respectivas atribuições profissionais.

As Perícias Grafoscópicas têm por característica o envolvimento de diversas áreas de especializações, em face da multidisciplinaridade que constituem os documentos gráficos a serem inspecionados, podendo o profissional responsável pela realização do trabalho convocar profissionais de outras especialidades para assessorá-lo, tais como químicos, físicos, engenheiros da produção gráfica e outros.

COMO SE DÁ A CLASSIFICAÇÃO DAS PERÍCIAS GRAFOSCÓPICAS?

Quanto a sua natureza.

e) Suportes com registros gráficos manuscritos (diretos);
f) Suportes com registros gráficos impressos (indiretos);
g) Suportes com registros gráficos manuscritos e
h) impressos (mistos).

QUAL O CRITÉRIO UTILIZADO NA ELABORAÇÃO DE LAUDOS GRAFOTÉCNICOS?

O critério utilizado para elaboração de laudos de grafoscopia baseia-se na análise comparativa do documento-motivo em relação a padrão técnico devidamente selecionado.

A análise comparativa consiste em exames individuais e conjuntos, de todos os documentos periciados, para a apuração das convergências e divergências gráficas, que, devidamente interpretadas, fornecem os dados técnicos sobre a origem documental.

QUAL A METODOLOGIA EMPREGADA NA CONFECÇÃO DE LAUDOS GRAFOTÉCNICOS?

i) Minuciosos exames do documento questionado;
j) Minuciosos exames dos padrões de confronto;
k) Cotejos e trescotejos entre documento questionado e respectivos paradigmas;
l) Utilização de aparelhamento especializado;
m) Determinação das convergências e divergências;
n) Coordenação dos dados técnicos apurados;
o) Preparação das ilustrações;
p) Elaboração do laudo.

Consoante o desenvolvimento dos itens abordados acima, a perícia grafoscópica deverá ser planejada conforme o tipo de documento questionado e considerando os parâmetros do objetivo pericial.

COMO QUE SE DÁ O EXAMES DO DOCUMENTO QUESTIONADO?

Deve-se analisar os particulares técnicos do documento-motivo, recomendando-se atentar para:

1 – Especificações:
e) Suportes;
f) Registros gráficos;
g) Tintas;
h) Instrumentos escreventes.

2 – Condições Físicas:
k) Marcas, Manchas e Sujidades;
l) Alterações (acréscimos, rasuras, lavagens químicas e recortes);
m) Dobras;
n) Amassamentos;
o) Colagens;
p) Queimaduras;
q) Borrões;
r) Recobrimentos;
s) Enrugamentos;
t) Perturbações

3 – Ideografismos.

Devem ser efetuados os levantamentos, com anotações e interpretações, dos elementos técnicos, mínimos gráficos e demais aspectos que possibilitem determinar o máximo de características originais e particulares dos registros gráficos do documento.

Atente-se que documentos provenientes de cópias possuem tão somente registros gráficos de impressões, mesmo que representem grafismos, possibilitando, tão somente, determinar com segurança a origem do equipamento que produziu tais impressões. Manifestações outras sobre as cópias somente podem ser apresentadas com as devidas reservas, devido às incertezas inerentes ao hipotético.

COMO SE FAZ OS EXAMES DOS PARADIGMAS?

Recomendam-se minuciosas análises dos paradigmas, visando determinar os requisitos essenciais, consignados pela autenticidade, quantidade, contemporaneidade e adequabilidade, bem como proceder à devida avaliação técnica para a aceitação, ou não, do material comparativo.

Os exames das particularidades técnicas dos padrões são os mesmos das peças de exame.

No presente caso, desnecessário a comparação, pois como pode-se verificar no atestado, estamos diante de uma falsificação evidente e infantil.

COMO SE DÁ OS CONFRONTOS NA GRAFOSCÓPICAS?

Os exames comparativos dos grafismos devem abranger os elementos de ordem geral e genéticos da escrita.

1 – Genéricos:
a) Calibres: são as dimensões dos caracteres.
b) Espaçamentos Gráficos: são distâncias analisadas na escrita.
c) Comportamentos Gráficos: são as direções e distâncias consideradas, da escrita em relação à pauta ou base.
d) Proporcionalidade Gráfica: são as relações dimensionais entre diversas partes da escrita.
e) Valores Angulares: são as predominâncias de ângulo nas formações gráficas.
f) Valores Curvilíneos: são as predominâncias de curvas da escrita.
g) Inclinação Axial: é aquela dos eixos gramáticos.
h) Inclinação da Escrita: é a média de inclinação dos caracteres e complexos da escrita.

2 - Genéticos:
2.1 - Dinâmica
a) Pressão: é a força vertical da escrita.
b) Progressão: é a força horizontal da escrita.

2.2 - Trajetória
a) Momento Gráfico: cada um dos traçados contínuos da escrita.
b) Ataque: é o traço inicial da escrita.
c) Desenvolvimento: é o traçado intermediário da escrita.
d) Remate: é o traço final da escrita.
e) Mínimo Gráfico: é o modo particular do traçado.
f) As convergências e divergências devem ser devidamente anotadas e interpretadas, sendo recomendado utilizar check-list para tais anotações.

COMO SE FAZ A DETERMINAÇÃO DAS CONVERGÊNCIAS E DIVERGÊNCIAS GRÁFICAS?

Não existe uma regra única para a realização dos exames. No entanto, é recomendável adotar-se as seguintes medidas:

g. estabelecer um roteiro prévio com a sequência dos exames;
h. realizar todos os tipos de exames;
i. anotar por escrito todos os resultados apurados;
j. interromper periodicamente os exames oculares para descansar a vista e anotar resultados parciais;
k. executar foto ampliações das particularidades mais expressivas para confirmar os exames oculares;
l. refazer os exames após a coordenação das conclusões, para confirmar os resultados.

As determinações das convergências e divergências grafoscópicas possibilitarão ao perito concluir sobre a origem do documento, sabendo-se que essas conclusões podem ser:

1º) Constatação — dos elementos materiais dos suportes e registros gráficos da peça de exame.

Esse processo é o que se aplica nas conclusões dos exames das especificações e condições físicas.

2º) Interpretação — das convergências e divergências dos elementos técnicos dos documentos cotejados. Esse processo é utilizado nas conclusões dos exames das identificações.

As conclusões do processo de constatação são obtidas diretamente dos resultados dos exames, enquanto aquelas do processo de interpretação decorrem da análise dos resultados dos cotejos. Elas são desenvolvidas através de raciocínios lógicos, que podem ser devidamente fundamentados.

Os raciocínios lógicos são baseados nas Convergências e Divergências técnicas apuradas.

O QUE SE ENTENDE POR ILUSTRAÇÕES GRAFOSCÓPICAS?

As divergências e convergências grafoscópicas devem ser devidamente ilustradas e explicitadas em quadros apropriados com legendas e assinalamentos. Desenhos, croquis, fotografias em negativo ou digitais, bem como cópias e outras formas de ilustração são necessárias.

QUAIS SÃO OS TÓPICOS ESSENCIAIS DO LAUDO?

O Laudo Pericial Grafotécnico, não pode em hipótese alguma ser prolixo ou conter conclusões evasivas, deve ser claro direto e objetivo sempre enriquecido com fotos e explicações técnicas, porém sua linguagem deverá ser sempre de fácil entendimento, pois o perito grafotécnico ao redigir o seu laudo deverá ter sempre em mente que está escrevendo um trabalho que será lido por pessoas que não são técnicos nesta área.

O Laudo Pericial Grafotécnico deve conter:

i) Descrição Técnica da Peça de Exame;
j) Indicação do Objetivo da Perícia;
k) Descrição dos Paradigmas;
l) Data da Diligência, quando houver;
m) Descrição da Metodologia e Marcha dos Trabalhos:
n) Conclusão ou respostas aos quesitos;
o) Fundamentação;
p) Relatório com as ilustrações.

COMO REALIZAR O FECHAMENTO DOS TRABALHOS NA PERÍCIA?

Seguindo os preceitos mencionados, o perito grafotécnico não se atentará simplesmente à morfologia/forma; ele atentará, sobretudo, à morfodinâmica.

O objetivo da comparação não é só e nem principalmente a forma, mas sim os movimentos, o dinamismo e as forças utilizados no gesto de escrever, os hábitos da escrita e a avaliação do significado das respectivas semelhanças, variações ou diferenças, para identificação da autoria.

Quando se inicia o aprendizado da escrita, o escritor aprendiz é exercitado para reproduzir forma caligráfica usual. Mas, com o decorrer do tempo e com a prática, aquele modelo escolar, primário, vai se alterando, devido a outros fatores, como educação, treino, gosto pessoal, floreios, habilidade artística, tônus muscular, maneirismos, e etc. Essas alterações acabam se cristalizando na medida em que o a escrita vai se tornando um hábito automático.

O Perito Grafotécnico para efetuar o seu minucioso trabalho para afirmar a autoria e/ou a autenticidade ou a falsidade de lançamentos gráficos questionados, através de exame e análise para a produção de laudo, ou mesmo de um parecer, deve respeitar quatro critérios muito importantes como: adequabilidade, contemporaneidade, quantidade e autenticidade.

Uma vez respeitados e observados esses critérios, e observados, concomitantemente, elementos genéticos, elementos formais (morfológicos) e cinéticos (dinâmicos), a perícia grafotécnica será produzida com transparência e fidelidade, alcançando um resultado inequívoco e conclusivo, resultando em um laudo pericial grafotécnico.

Trata-se de uma tarefa difícil e complexa.

QUAL A ANÁLISE QUE DEVEMOS FAZER NO QUE SE REFERE A DPI?

Foram analisados os seguintes documentos: contrato de comodato do imóvel/galpão industrial urbano, com comparativo da referida assinatura, assim como com as rubricas e ainda com as assinaturas das testemunhas.

O ponto crucial na análise, em um documento digital dar-se-á através de do DPI (dots per inch), em tradução direta são pontos por polegadas. Trata-se da medida utilizada para resolução de imagem impressa. No presente caso, temos a segurança de trabalharmos de 300 DPI a 600 DPI- este melhor resolução.

Seguiu-se o padrão internacional de análise, com a escala de 2,54 cm, de cada imagem, a fim de ter uma análise constante de todos os pontos e identificar se a assinatura foi feita antes ou depois da impressão da data, com esse parâmetro, chega-se a conclusão de que mesmo que a assinatura tenha 300 DPI de largura, por 300 DPI de altura, existe uma composição de 90.000 pixels (300 x 300 ppp), o que assegura o trabalho.

Uma vez feita a comparação com o número de pixels (que são pontos), chega-se a conclusão, mesmo na tela do computador, dos cruzamentos da assinatura e letra impressa.

Cumpre salientar que existe uma grande diferença entre a análise do DPI pra impressão e outro para comparar traços. No presente trabalho, pela sua essência, será abordado o segundo modelo.

QUAIS SÃO AS FERRAMENTAS E APLICATIVOS MAIS COMUNS ASSIM COMO OS APARELHOS UTILIZADOS PELO PERITO?

- Mobile Microscope PH
- Cozy Magnifier e Microscope
- Luzes
- Tela de aumento
- InksCape

QUAL A METODOLOGIA ESPECÍFICA NA ANÁLISE DOS TRAÇOS DA IMPRESSÃO E DA ASSINATURA?

Do ponto de vista teórico, segue o embasamento do presente trabalho, com o intuito da análise das gêneses gráficas (diferente da forma gráfica).

Vale ressaltar inicialmente, que gênese e forma gráfica não se confundem aos olhos da perícia grafotécnica. A gênese é oriunda do sistema nervoso central e está submetida ao que chamamos de mente subconsciente, ou seja, os gestos da escrita são feitos instintivamente ao comando do cérebro não conseguindo qualquer pessoa que seja, por mais que tenha destreza em escrever, forjar tal traço, pois no ato da manipulação, traços seus ficaram marcados. Abordando sobre a gênese, devemos destacar as palavras do ilustre Mendes:

A gênese é o elemento específico da escrita porque depende das condições psicossomáticas de cada indivíduo. Assim como as características físicas, fisiológicas e psíquicas variam ao infinito de pessoa para pessoa, também os movimentos psicossomáticos do gesto gráfico, ou seja, da gênese, variam sem limites e são peculiares de cada punho escritor. Não existindo, portanto, duas pessoas de movimentos iguais, não podem existir grafismos idênticos (MENDES, 2010, p. 40).

Situação essa que será demonstrada que as assinaturas apresentadas, tem muito mais relevância às convergências naturais do que às divergências falsificadas, o que se provará que a assinatura ora questionada foi realizada do mesmo punho.

São unânimes em afirmar, parte dos autores que o gesto gráfico é algo individual e inconfundível, como veremos nos ensinamentos de Del Picchia:

Para o grafotécnico, porém, não basta um sinal gráfico representar uma idéia para se julgar diante de um grafismo. Será indispensável que as representações gráficas contenham características suficientes à sua identificação. Assim um simples algarismo, embora com seu significado, não constitui grafismo ou escrita. É um fragmento gráfico, assim como existem fragmentos de impressões digitais, muitos dos quais sem permitir identificação dactiloscópica (DEL PICCHIA et al., 2005, p. 105).

QUAIS SÃO AS CONFRONTAÇÕES GRAFOSCÓPICAS?

Os exames comparativos dos grafismos devem abranger os elementos de ordem geral e genéticos da escrita.

1 – Genéricos:
a) **Calibres**: são as dimensões dos caracteres.
b) **Espaçamentos Gráficos**: são distâncias analisadas na escrita.
c) **Comportamentos Gráficos**: são as direções e distâncias consideradas, da escrita em relação à pauta ou base.
d) **Proporcionalidade Gráfica**: são as relações dimensionais entre diversas partes da escrita.
e) **Valores Angulares**: são as predominâncias de ângulo nas formações gráficas.

f) **Valores Curvilíneos**: são as predominâncias de curvas da escrita.
g) **Inclinação Axial**: é aquela dos eixos gramáticos.
h) **Inclinação da Escrita**: é a média de inclinação dos caracteres e complexos da escrita.

2 - Genéticos:
2.1 - Dinâmica
a) **Pressão**: é a força vertical da escrita.
b) **Progressão**: é a força horizontal da escrita.
2.2 - Trajetória
a) **Momento Gráfico**: cada um dos traçados contínuos da escrita.
b) **Ataque**: é o traço inicial da escrita.
c) **Desenvolvimento**: é o traçado intermediário da escrita.
d) **Remate**: é o traço final da escrita.
e) **Mínimo Gráfico**: é o modo particular do traçado.

As convergências e divergências devem ser devidamente anotadas e interpretadas, sendo recomendado utilizar check-list para tais anotações.

QUAL A DETERMINAÇÃO DAS CONVERGÊNCIAS E DIVERGÊNCIAS GRÁFICAS?

Não existe uma regra única para a realização dos exames. No entanto, é recomendável adotar-se as seguintes medidas:
    a) estabelecer um roteiro prévio com a seqüência dos exames;
    b) realizar todos os tipos de exames;
    c) anotar por escrito todos os resultados apurados;
    d) interromper periodicamente os exames oculares para descansar a vista e anotar resultados parciais;
    e) executar fotoampliações das particularidades mais expressivas para confirmar os exames
oculares;
    f) refazer os exames após a coordenação das conclusões, para confirmar os resultados.

As determinações das convergências e divergências grafoscópicas possibilitarão ao perito concluir sobre a origem do documento, sabendo-se que essas conclusões podem ser:

1º) *Constatação* — dos elementos materiais dos suportes e registros gráficos da peça de exame.

Esse processo é o que se aplica nas conclusões dos exames das especificações e condições físicas.

2º) *Interpretação* — das convergências e divergências dos elementos técnicos dos documentos cotejados. Esse processo é utilizado nas conclusões dos exames das identificações.

As conclusões do processo de constatação são obtidas diretamente dos resultados dos exames, enquanto aquelas do processo de interpretação decorrem da análise dos resultados dos cotejos. Elas são desenvolvidas através de raciocínios lógicos, que podem ser devidamente fundamentados.

Os raciocínios lógicos são baseados nas Convergências e Divergências técnicas apuradas.

QUAL O CONCEITO E PRIMEIRAS OBSERVAÇÕES SOBRE PERÍCIA?

Perícia judicial é a forma de produção de prova por parte de um profissional que tem a indicação de um juiz, no caso o Perito Judicial é o profissional possuidor de diploma de grau superior ou provido de conhecimento técnico, científico ou artístico, na precisa expressão do chamado "notório saber", legalmente habilitado ou munido de parecer de suficiência emitido por entidade de reconhecimento público, dentro do território nacional, nomeado pelo Juízo para atuar em processo judicial que tramite em Varas e Tribunais de Justiça Regionais, Estaduais e Federais, com a finalidade de pesquisar e informar a verdade sobre as questões propostas, através de laudos.

Para atuar como perito judicial não é necessário prestar concurso público, nem estar vinculado a alguma instituição ou emprego.

Podem ser peritos: os aposentados, profissionais liberais, funcionários públicos, empregados de empresas em geral, desde que sejam suas profissões regulamentadas por lei, como: economistas, engenheiros, arquitetos, contadores, administradores e médicos e demais profissionais.

A perícia, possui por suas principais características, entre as quais flexibilidade de horários para executar tarefas, prazos relativamente grandes de entrega do laudo e cunho solitário da atividade, pouco dependente de fatores externos, torna-se um dos principais atrativos aos que procuram segurança numa atividade profissional paralela. Essas características são pouco encontradas em outras áreas.

O perito é chamado pela Justiça para dar pareceres técnicos em processos judiciais, nos quais podem estar envolvidos pessoas físicas, jurídicas e órgãos públicos. O parecer técnico é dado através de um Laudo escrito, que será assinado pessoalmente pelo perito. O Laudo passa a ser uma das peças que compõem um processo judicial.

O trabalho é remunerado, e em alguns casos cabe adiantamento de honorários, quando solicitados na forma correta e apropriada.

Não há horário fixo para o trabalho, podendo realizá-lo quando se dispõe de tempo. Como a atividade não exige exclusividade, há possibilidade de o profissional estar empregado ou ter outras atividades e realizar perícias durante seu tempo disponível

A Perícia é sempre realizada para que a autoridade julgadora tenha condições de tomar uma decisão correta, imparcial e justa. Em se tratando de Perícia Judicial que totaliza 99% dos casos, ela é sempre determinada pelo Juiz julgador da questão, a pedido das partes ou por iniciativa própria do magistrado.

QUAL A IMPORTÂNCIA DA PERÍCIA JUDICIAL?

Quando falamos em processo trabalhista, a primeira lembrança que temos é a audiência. É lá, na frente do juiz, onde serão expostos todos os fatos e fundamento jurídicos que levaram a ingressar com a ação. Entretanto, a audiência não é o único ato dentro de um processo.

Existem outros atos de extrema importância para o bom andamento da lide. A perícia é uma delas.

Uma perícia malfeita pode comprometer todo o andamento de um processo e prejudicar tanto o réu quanto o autor do processo. É necessário compreender o que é este evento e porque ele está acontecendo. O juiz nomeia técnicos nas áreas de segurança e medicina do trabalho para que visitem o local de trabalho do reclamante e emitam pareceres sobre as condições de trabalho.

QUAL A CLASSIFICAÇÃO DAS PERÍCIAS?

A perícia judicial é aquela determinada pela justiça de ofício ou a pedido das partes envolvidas, já a extrajudicial é feita a pedido das partes, particularmente.

A perícia necessária (ou obrigatória) é a imposta por lei ou pela natureza do fato, quando a materialidade do fato se prova pela perícia. Se não for feita, o processo é passível de nulidade. A facultativa ocorre quando se faz prova por outros meios, sem necessidade da perícia.

A perícia oficial se dá por determinação do juiz. Pode ser requerida quando é solicitada pelas partes envolvidas no litígio. Quando contemporânea ao processo ocorre no decorrer do processo. Cautelar é a realizada na fase preparatória da ação, quando realizada antes do processo (*ad perpetuam rei memorian*). Pode se dar de forma direta, tendo presente o objeto da perícia e indireta quando feita pelos indícios ou sequelas deixadas.

O QUE SABER SOBRE O CONHECIMENTO SOBRE O PEDIDO?

No âmbito trabalhista, as perícias abordam questões como: insalubridade, periculosidade e também itens como ergonomia e acidente de trabalho. Vamos utilizar como exemplo a perícia que versa sobre periculosidade.

Não é necessário ao autor, no momento do evento pericial, ter o conhecimento de toda lei referente a periculosidade, todavia, precisa saber que a sua atividade desenvolvida na empresa deverá, obrigatoriamente, preencher alguns requisitos: a) Ao tipo contato com determinada atividade perigosa; b) Que além de perigosa, esta atividade cause risco acentuado ao trabalhador a ponto de, em caso de acidente, lhe tirar a vida ou mutilá-lo; c) E ainda, que esta atividade esteja definida em Lei, ou como no caso da radiação ou substancias ionizantes, definida em portaria expedida pelo Ministério do Trabalho.

Tão importante, para o réu ou autor da ação, quanto saber o que está sendo requerido é compreender que o momento da perícia é justamente para demonstrar na prática que as atividades podem ser enquadradas como perigosas ou insalubres, ou então para comprovar estão sendo tomadas todas as medidas necessárias para que não se caracterize perigosa ou insalubre.

QUAL DEVE SER A POSTURA DAS PARTES?

Ao mesmo tempo em que é importante autores e réus informarem e mostrarem com detalhes como são desenvolvidas as atividades que geraram a controvérsia, tão ou mais essencial é a atuação do perito. Ele deve anotar cada detalhe do que foi dito por cada uma das partes e, se possível, colher informações fotográficas do local de trabalho, para que o juiz possa emitir sua decisão com base nas informações do posterior laudo.

Autor e réu assim como numa audiência devem manter a urbanidade e, de preferência, falar em momentos distintos, sem comprometer a explanação do outro. É comum haver embate em perícias, porém isto pode acarretar em dano à condução do evento.

COMO SE DÁ A INTERAÇÃO DAS PARTES SOBRE O PARECER DO LAUDO?

O laudo é o documento que irá embasar a decisão do juiz quanto ao merecimento ou não do adicional de insalubridade ou periculosidade. Um laudo pode ser impugnado quanto a falta ou excesso de informações, porém, as partes precisam estar atentas aos que foi dito na perícia, de preferência anotando itens mencionados no evento. Achar que falou é diferente de ter certeza que falou, e a certeza do que foi dito é primordial para saber se vale a pena ou não impugnar um laudo.

O QUE SABER SOBRE LAUDO X SENTENÇA: O REAL EFEITO DA PERÍCIA NO PROCESSO?

O juiz constrói sua decisão a partir do confronto dos pedidos, com as provas, as normas legais, a doutrina e a jurisprudência. O perito deve construir o seu laudo, também com base nos pedidos que justificaram a prova técnica, as normas legais normalmente aplicáveis aos casos congêneres (sem fazer juízos de valor ou decidir entre elas – se houver divergência doutrinária ou jurisprudencial que possa implicar em mais de um caminho, deve indagar o parâmetro a ser utilizado na aferição). O perito, quando referir que a doutrina de sua ciência entende desta ou daquela maneira, deve indicar as fontes, da forma mais completa possível. Assim como ao juiz não é possível simplesmente afirmar genericamente que a doutrina e a jurisprudência agasalham a sua tese, não pode o perito fazê-lo. Indicar as fontes é imperativo para ambos.

O juiz, somente ele, fixa os conceitos jurídicos e sua aplicação. Ao perito, não cabe a fixação de conceitos, mas a aplicação de conceitos já estabelecidos em sua ciência ao caso concreto. É incorreto o perito afirmar que a vítima merece ou desmerece indenização ou o adicional "x" ou "y" e sim que ela possui ou não possui incapacidade em tal grau ou teve um prejuízo de "z" ou não emergiram prejuízos do fato etc. É verdade que, muitas vezes, o próprio juiz induz o perito a emitir conceitos ao quesitar, como também é verdade que faz a mesma coisa com testemunhas (ao indagar, por exemplo, se fulano é honesto, ao invés de perguntar o que sabe sobre os fatos que poderiam indicar o contrário).

Para decidir, o juiz percorre todo um "iter", um caminho, que vai desde a tomada das alegações, a seleção da matéria controversa, a tomada das provas, a análise crítica das provas produzidas até a conclusão. O perito deve proceder do mesmo modo: ler as alegações das partes (constante tanto das petições quanto dos quesitos) e também do juiz (quesitos do juízo); estabelecer, a partir daí, as hipóteses, quais os exames e inspeções que precisará fazer para confirmar ou afastar as hipóteses; realizar os exames e inspeções com o máximo de diligência, sem preconceitos e com rigor científico (para não contaminar os resultados); relatar a pesquisa e os resultados de forma objetiva (ele deve narrar todo o caminho que percorreu até chegar ao resultado, os exames que fez, as hipóteses que acolheu, as hipóteses que restaram infirmadas, os suportes na doutrina que levaram ao acolhimento ou rejeição das hipóteses etc.).

Mencionado anteriormente, o laudo será um dos instrumentos que auxiliará o juiz na promulgação da sentença. Da sentença ainda cabe recurso, porém, o primeiro efeito ou decisão poderá ser o último, então se o réu ou autor esqueceram de mencionar algum detalhe importante ou, não tinham conhecimento suficiente do pedido que ocasionou a perícia ou das condições de trabalho, o processo pode ser prejudicado.

Portanto, viu-se através deste texto, que a perícia Judicial trabalhista é tão importante quanto a audiência. O fato do juiz não estar presente e não termos a formalidade de uma sala de audiência não retira a importância do evento.

QUAL A EXPLANAÇÃO MINUCIOSA SOBRE O TEMA SOBRE PERÍCIA?

O novo CPC trouxe inúmeras inovações no âmbito da produção de prova pericial, e ao incorporar vários entendimentos jurisprudenciais adotados na vigência o código revogado, enriqueceu a legislação e afastou discussões infundadas causadas por falta de regramento minucioso.

Ao disciplinar a prova pericial, a Lei nº 13.105/2015 trouxe relevantes alterações, enriquecendo o sistema do direito positivado, na medida em que o respectivo regramento restou mais detalhado e atento a questões que, sob a égide do Código de 1973, deram ensejo a inúmeras discussões perante os nossos tribunais.

Insta salientar que, de certo, não conseguiremos esgotar o assunto, tentaremos trazer ao leitor os aspectos mais importantes da nova legislação, e na medida do possível, apresentaremos posições jurisprudenciais alcançadas na vigência do diploma processual revogado, demonstrando que as mesmas parecem ter sido incorporadas pelo atual *Codex*.

De uma forma bastante resumida, o Direito pode ser entendido como um sistema de normas jurídicas válidas em tempo e espaço específicos, cuja finalidade é disciplinar as relações humanas intersubjetivas. Dentre todas essas normas há uma parcela destinada a regrar a composição das lides, ou seja, o ordenamento jurídico estatui como as pessoas devem agir na hipótese de terem direitos lesados ou colocados em situação de risco. Da mesma forma, num Estado Democrático de Direito, as normas jurídicas dispõem, ainda, como o Estado-Juiz deve se conduzir para pacificar os conflitos de interesses que lhe são submetidos.

A Constituição Federal assegura a todos o livre acesso ao Poder Judiciário para a proteção ou reparação de direitos, sendo que ao Estado foi atribuído o dever de desempenhar a atividade jurisdicional.

Provocado, o Estado tem o dever de analisar a questão que lhe foi submetida e resolvê-la através da aplicação das normas jurídicas. Assegurará a sobreposição da vontade da lei à vontade das partes, garantindo o respeito à ordem jurídica e a paz social.

Quando dizemos que o Estado tem o dever de compor a lide, o fazemos porque "a lei não excluirá da apreciação do Poder Judiciário lesão ou ameaça a direito" (art. 5º, XXXV, CRFB/1988), e o "juiz não se exime de decidir sob a alegação de lacuna ou obscuridade do ordenamento jurídico" (art. 140, CPC). Desta maneira, atendidos os pressupostos processuais e presentes todas as condições da ação, uma vez levado o caso concreto ao Poder Judiciário, este deverá decidi-lo, ainda que não encontre expressamente as normas jurídicas reguladoras.

Jurisdição é, portanto, o encargo que o Estado tem de, por seus órgãos, e sempre que for provocado, prestar a tutela jurisdicional através da aplicação da lei aos casos concretos. Note-se que não nos limitamos a dizer que a jurisdição tem pôr fim a solução de litígios, pois em muitos casos haverá o desenvolvimento de atividade jurisdicional sem que haja lide a ser dirimida, como ocorre, por exemplo, com o divórcio consensual em que o casal possui filhos menores.

O princípio do devido processo legal exige que desde a provocação do Estado-Juiz até o momento em que a tutela jurisdicional é prestada em definitivo, sejam disponibilizados aos jurisdicionados todos os meios legais para defesa de seus interesses, assegurado o contraditório. Consequentemente, às partes deve ser facultada a produção de todas as provas que se mostrarem necessárias[I] à comprovação de suas alegações, pois só assim se desincumbem dos respectivos ônus[II].

Dentre os meios de prova legalmente previstos, destaca-se a pericial, haja vista que sua natureza técnica ou científica e a maior complexidade que geralmente gira no seu entorno, exige que o magistrado seja auxiliado por um perito.

Feitas estas breves considerações, passamos a tecer rápidos comentários sobre o perito judicial para, na sequência, tratarmos da prova pericial.

O QUE É PERITO – AUXILIAR DA JUSTIÇA?

Para o exercício de suas funções o juiz necessita do auxílio constante ou eventual de outras pessoas que, tal como ele, devem atuar com diligência e imparcialidade.

Nas causas em que a matéria envolvida exigir conhecimentos técnicos ou científicos próprios de determinadas áreas do saber, o magistrado será assistido por perito ou órgão, cuja nomeação observará o cadastro de inscritos mantido pelo tribunal ao qual o juiz está vinculado.

A Lei nº 13.105/2015 inovou ao expandir a possibilidade do juiz também ser assistido por "órgãos técnicos ou científicos", não estando limitado apenas a pessoas físicas na condição de "profissionais de nível universitário", tal como dispunha o código revogado. Nesta hipótese, o órgão que vier a ser designado para a realização de determinada perícia deverá comunicar ao juiz os nomes e os dados de qualificação dos profissionais que forem destacados para o respectivo trabalho pericial, de modo a viabilizar a verificação de eventuais causas de impedimento e suspeição.

Pode ocorrer, principalmente em comarcas pequenas, que para a realização de uma determinada perícia sobre área específica do conhecimento, não haja perito ou órgão inscrito no cadastro disponibilizado pelo tribunal. Nesta hipótese, o parágrafo quinto, do artigo 156, permite que o magistrado escolha livremente um profissional ou órgão que, comprovadamente, detenha conhecimento especializado para tal mister.

Nomeado, o auxiliar do juiz – perito ou órgão – deverá empregar toda diligência para, no prazo que lhe for assinado, cumprir seu trabalho. Poderá, se for o caso, no prazo legal de quinze dias, escusar-se do encargo alegando justo motivo, sob pena de renúncia a tal direito.

Reforçando o dever de diligência exigido pelo artigo 157, o Código de Processo Civil, no seu artigo 466, estabelece que mesmo dispensado de assinar um termo de compromisso o perito – assim como o órgão técnico ou científico – tem o dever de cumprir escrupulosamente seu encargo.

Caso, por dolo ou culpa, o perito acabe prestando informações inverídicas, será responsabilizado pelos prejuízos que causar à parte, ficando ainda inabilitado para atuar em outras perícias por um prazo de dois a cinco anos, sem prejuízo de outras sanções. Caberá ao juiz comunicar tal fato ao respectivo órgão de classe, para que sejam adotadas as medidas cabíveis (art. 158. CPC). Dito de outra forma, para a responsabilização do perito ou órgão não é necessária a demonstração da intenção de prejudicar uma das partes, bastando ficar caracterizada a culpa pela imprudência, negligência ou imperícia.

Tecidas estas singelas considerações sobre o perito, passaremos a abordar a prova pericial.

O QUE SABER SOBRE A PROVA PERICIAL?

A prova pericial consistirá em exame, vistoria ou avaliação, e poderá ser determinada de ofício ou a requerimento das partes. Será indeferida quando: a) não houver a necessidade de conhecimento especial de técnico para prova do fato; b) o fato já estiver comprovado por outros meios de prova; e, c) a verificação for impraticável (art. 464, §1º, CPC).

Caso o objeto da perícia envolva aspectos de maior complexidade, abarcando várias áreas do saber, o juiz nomeará mais de um perito, haja vista a necessidade de que cada um seja especializado em sua respectiva área de conhecimento (art. 475, CPC).

A produção da prova pericial poderá ser dispensada quando as partes, na inicial e na contestação, apresentarem, sobre as questões de fato, pareceres técnicos ou documentos elucidativos que forem considerados suficientes pelo magistrado (art. 472, CPC).

IMPORTANTES PONTOS SOBRE A PROVA TÉCNICA SIMPLIFICADA O QUE SABER?

Em muitos casos, apesar da necessidade de conhecimentos técnicos ou científicos especializados para a comprovação de determinado fato, pode ocorrer que a causa não envolva questões de alta complexidade. Nesta hipótese o juiz poderá de ofício, ou a requerimento das partes, substituir a perícia por prova técnica simplificada, a qual consiste apenas na inquirição do especialista sobre os pontos controvertidos da causa. Durante sua arguição, o especialista poderá se utilizar de qualquer recurso tecnológico de transmissão de sons e imagens.

O QUE DEVE SE SABER SOBRE A ESPECIALIZAÇÃO DOS PERITOS?

Na vigência do código revogado já era exigido que para assumir o encargo de perito, além de graduado em nível universitário, o profissional comprovasse sua especialização através de certidão expedida pelo órgão de classe no qual encontrava-se inscrito. Para exemplificar, numa perícia médica sobre neurologia, não bastava que o profissional fosse graduado em medicina e inscrito no CRM – Conselho Regional de Medicina –, pois devia também possuir título de especialização na área do objeto da perícia. Entretanto, e lamentavelmente, muitos foram os casos em que os tribunais desprezaram a exigência legal de que o perito deveria ser especialista na matéria sobre a qual lhe incumbia opinar.

Prestigiando a segurança, e minimizando os riscos de prejuízos às partes e ao resultado útil do processo, a Lei nº 13.105/2015 é incisiva ao dispor que para o cargo de perito só pode ser nomeado o profissional que for especializado na área de conhecimento do objeto da perícia.

Com efeito, o artigo 465 do Código de Processo Civil é expresso quando impõe ao juiz o dever de nomear apenas "perito especializado no objeto da perícia". Ciente de sua nomeação, o expert deverá, em cinco dias, apresentar seu currículo com comprovação de especialização quanto ao objeto da perícia (art. 465, §2º, II, CPC), devendo ser substituído se "faltar-lhe conhecimento técnico ou científico" (art. 468, I, CPC).

Observe-se que a exigência de especialização no objeto da perícia também deve ser atendida para a produção da prova técnica simplificada. Os parágrafos terceiro e quarto do artigo 464, em sintonia com o disposto nos artigos 465 e 468, I, do Código de Processo Civil, são expressos quando se referem ao auxiliar do juiz como "especialista".

A título de ilustração, não se pode ter como segura e confiável a perícia médica que versa sobre psiquiatria, mas foi realizada por médico especializado em ortopedia. É evidente que apesar de sua formação acadêmica em medicina, o médico nomeado como perito não é especializado na área de conhecimento do objeto da perícia. Neste exemplo, resta claro o cerceamento de defesa, haja vista que à parte não foi deferida a efetiva comprovação de suas alegações.

Há, na jurisprudência, inúmeras decisões que, respeitando o ordenamento jurídico, e sob pena de cerceamento de defesa, reconheceram que o cargo de perito só pode ser preenchido por profissional "especialista" na respectiva área de conhecimento. Confira-se, nesse sentido, parte do brilhante voto proferido pelo Desembargador Francisco Carlos InouyeShintate, do Eg. Tribunal de Justiça do Estado de São Paulo, in verbis:

"(...) Caracterizou-se cerceamento de defesa, necessária a complementação da perícia médica para resposta dos quesitos suplementares formulados pela parte autora (fls. 147/148), pois o perito não respondeu aos quesitos das partes de forma adequada, afirmando a necessidade de nomeação de especialista para a análise da incapacidade decorrente. Como a sentença decidiu com base em prova que se mostrou incompleta porque não realizada perícia do grau de incapacidade, a consequência é o reconhecimento do cerceamento de defesa, o que implica a anulação da sentença para a reabertura da instrução processual.

Em face do exposto, dá-se provimento ao recurso para acolher a preliminar e anular a sentença, determinando-se a reabertura da instrução para que seja realizada perícia médica por especialista em psiquiatria (que responda, de forma analítica e fundamentada, as perguntas de autor e réu sobre a incapacidade para o trabalho), prejudicado o exame do mérito (...)"[VII]

Noutro caso, no qual uma perícia médica foi realizada por expert não especialista, o Eg. Tribunal de Justiça de São Paulo decidiu pela conversão do julgamento em diligência, para que outro exame pericial fosse realizado por profissional especializado na área de conhecimento do objeto da perícia. Confira-se, *in verbis*:

"(...). Ora, pelo que se percebe do simplificado e objetivo laudo pericial, o mesmo foi efetuado por médico não especialista na área de medicina do trabalho (pelo menos nada consta nos autos a respeito), cuja área de atuação é a 'neurologia', a qual se distancia do tipo de lesão traumática que o acidentado sofreu fraturando seu fêmur direito, deixando, assim, dúvida quanto a real capacidade de trabalho do autor, bem como quanto a extensão e temporariedade da lesão ocasionada, que teria redundado na perda flexora do joelho em grau mínimo, de onde que, por cautela, recomenda-se, a realização de nova perícia, a ser feita por médico do trabalho especialista na matéria em questão, qual seja, a 'traumatologia' ou 'ortopedia'. (...)"[VIII]

Vale ainda conferir, *in verbis*:

"Responsabilidade Civil – Erro médico – Complicações durante o parto e posterior morte do bebê – Alegação de cerceamento de defesa – Ocorrência – Prova pericial – Alegação de que o perito não tem especialidade na área de ginecologia e obstetrícia como o caso requer – Perito especialista em gastroenterologia e medicina de trabalho que não se mostra competente para atuar no presente caso – Necessidade de nomeação de perito especialista na área e realização de novo laudo pericial – Recurso provido para afastar a sentença, devendo o processo retomar seu curso."

"Agravo. Perícia. Nomeação de perito especializado. Em que pese ser o juiz o destinatário da prova, detendo poderes para nomear o perito de sua confiança, ele não deve se olvidar que a prova tem a finalidade de esclarecer questões técnicas e científicas, sendo necessária a comprovação da especialidade do expert na matéria em discussão Agravo provido."

"Agravo regimental. (...). Perito. Nomeação. Afastamento. Exigência de nomeação de peritos especialistas na área, por questão de segurança no desfecho da lide. Decisão reformada. Recurso provido."

"AGRAVO DE INSTRUMENTO. ACIDENTE DE TRABALHO. AUXÍLIO-ACIDENTE. PERÍCIA. IMPUGNAÇÃO. PERITO ESPECIALISTA EM ORTOPEDIA/TRAUMATOLOGIA. NECESSIDADE. DECISÃO REFORMADA. 1) Necessária a avaliação do municiando por perito especialista na área de ortopedia/traumatologia, com a finalidade de confirmar ou não a existência de sequelas em razão de acidente de trabalho e determinar a possibilidade de recebimento do benefício, uma vez que sustenta ele ter sequelas dos dois acidentes sofridos e que elas vêm lhe causando dores nas articulações dos membros inferiores. 2) Agravo conhecido e provido."

"AGRAVO DE INSTRUMENTO. AÇÃO DE COBRANÇA. DPVAT. REALIZAÇÃO DE NOVA PERÍCIA. TRAUMAS PSÍQUICOS. NECESSIDADE. JUIZ. DESTINATÁRIO DAS PROVAS. TERMO DE COOPERAÇÃO Nº 103/2012-DEC. AUSÊNCIA DE CARÁTER VINCULANTE. VALOR FIXADO EM CONSONÂNCIA COM O ATO Nº 16/2014-P (ATUALIZADO PELO ATO Nº 15/2015-P). MANUTENÇÃO.

O valor da indenização para os casos de invalidez permanente deve ser proporcional ao grau da lesão, independentemente da data em que ocorreu o acidente automobilístico, nos termos da Súmula 474, do STJ. Assim, mostra-se necessária a realização de nova perícia. Diferentemente do alegado pela parte agravante, a perícia já realizada, não foi conclusiva no que tange aos traumas psíquicos do autor. Outrossim, o médico incumbido daquela perícia, é especialista em Ortopedia e Traumatologia, não possuindo totais condições de aferir os problemas psiquiátricos alegados pelo autor.
(...)."

"AGRAVO DE INSTRUMENTO. PREVIDENCIARIO. PROCESSO CIVIL. INSS. RESTABELECIMENTO DE AUXILIO ACIDENTÁRIO. PERICIA MÉDICA REALIZADA POR PERITO NÃO ESPECIALISTA. DESATENDIMENTO AO QUE DISPOE O ART. 145 E §§ DO CPC. DESIGNAÇÃO DE NOVO PERITO. NECESSIDADE. DEVIDA CONCESSÃO DE TUTELA ANTECIPADA VEZ QUE O PAGAMENTO DESSE BENEFÍCIO FOI SUSPENSO SEM AMPARO EM LAUDO MÉDICO DEFINITIVO. BENEFÍCIO PREVIDENCIÁRIO QUE VISA ASSEGURAR A SOBREVIVÊNCIA DA AGRAVADA ANTE O SEU CARÁTER ALIMENTAR, CIRCUNSTÂNCIA APTA A AUTORIZAR A ANTECIPAÇÃO DA TUTELA. DECISÃO REFORMADA. AGRAVO PROVIDO. A natureza do trauma e das enfermidades reputadas como inerentes ao quadro da agravante exigem, para análise do direito requestado, parecer médico especializado, dando indispensável suporte à Magistrada de primeiro grau, na estreita aplicação do art. 145

do CPC e seus parágrafos. Para que se dê eficiente suporte ao julgador e se produza a prova pericial adequada, faz-se necessário a nomeação de especialista que seja efetivamente capaz de produzir abalizado parecer, que se respalda nos seus atributos técnicos e sua expertise, sem os quais a segurança da prova técnica produzida perde a sua força e almejada credibilidade. Necessário ressaltar, que partindo da interpretação a contrario sensu do parágrafo 3º do mencionado dispositivo processual, o magistrado somente poderá desatender ao requisito da escolha e indicação de perito comprovadamente especialista, quando o feito for processado em localidades onde não houver profissionais experts, o que seguramente não se afigura no caso da Comarca de Salvador, plenamente sortida de especialistas na modalidade médica necessária para exame no presente caso, ortopedia."

> "APELAÇÃO CÍVEL. AÇÃO DE INDENIZAÇÃO. DANO MORAL. USO DO MEDICAMENTO VIOXX. SÍNDROME DE STEVENS-JOHNSON. AGRAVO RETIDO. DECISÃO QUE INDEFERIU A REPETIÇÃO DA PROVA PERICIAL. PERÍCIA REALIZADA POR MÉDICO NÃO ESPECIALISTA NA ÁREA OBJETO DA PERÍCIA. INOBSERVÂNCIA DO DISPOSTO NO ART. 145, § 2º, DO CPC. FALHAS NO LAUDO. NECESSIDADE DE NOVA PERÍCIA. ANULAÇÃO DA SENTENÇA. AGRAVO RETIDO PROVIDO. APELAÇÃO PREJUDICADA."

Sobre o assunto, e ressaltando que o perito tem o dever de se escusar quando não for especializado, o Superior Tribunal de Justiça já decidiu pela reabertura da fase instrutória para que fosse nomeado novo perito especialista, *in verbis*:

> "Processo civil. Previdência privada. Fundação SISTEL. Alegado esvaziamento das reservas de contingência e das reservas especiais do Plano PBS. Hipótese em que se alega que tais reservas foram rateadas e indevidamente utilizadas para distribuição, em dinheiro, de benefícios aos participantes do Plano PBS que optassem por migrar para o Plano Visão. Consequente necessidade de se promover substancial aumento das contribuições dos que não fizeram a migração de planos, a fim de repor o equilíbrio atuarial. Matéria de prova. Determinação de perícia. Confirmação, pelo perito, de seu desconhecimento acerca das técnicas necessárias para promover cálculo atuarial. Questão reputada meramente acessória pelo Tribunal. Reforma do acórdão recorrido. Devolução dos autos à origem para complementação da perícia.

– Na hipótese em que o próprio perito confirma seu desconhecimento acerca das técnicas necessárias à realização de cálculos de avaliação atuarial, e considerando-se que a questão assume grande importância para a decisão da lide, torna-se necessária a nomeação de profissional especializado nessa área do conhecimento, para que complemente o laudo pericial entregue.

– A ausência de impugnação tempestiva da nomeação do perito pelo autor deve ser relativizada em determinadas circunstâncias. Não é possível exigir das partes que sempre saibam, de antemão, quais são exatamente as qualificações técnicas e o alcance dos conhecimentos do perito nomeado.

– É dever do próprio perito escusar-se, de ofício, do encargo que lhe foi atribuído, na hipótese em que seu conhecimento técnico não seja suficiente para realizar o trabalho pericial de forma completa e confiável.

Recurso conhecido e provido para o fim de determinar a reabertura da fase instrutória com a nomeação de novo perito especializado em cálculos atuariais."

Nota-se, sem nenhuma dificuldade, que a Lei nº 13.105/2015 reforça a exigência já constante do Código de 1973, incorporando o entendimento jurisprudencial no sentido de que só deve assumir o encargo de perito o profissional que seja comprovadamente especializado na área de conhecimento do objeto da perícia.

O QUE SABER SOBRE A NOMEAÇÃO DO PERITO?

Ao nomear o perito, o juiz fixará o prazo para a entrega do respectivo laudo, determinando a cientificação do expert e a intimação das partes.

Intimadas da nomeação do perito, as partes poderão, no prazo de 15 (quinze) dias, indicar assistente técnico, apresentar quesitos, e, se for o caso, arguir impedimento ou suspeição.

O perito, por sua vez, ciente de sua nomeação, e entendendo não ser o caso de se escusar (arts. 157 e 467, CPC), deverá, no prazo de 05 (cinco) dias, apresentar: a) proposta de honorários; b) currículo, com comprovação de especialização; e, c) dados profissionais de contato, especialmente o e-mail para o qual serão endereçadas as intimações pessoais. Cumpridas estas exigências pelo perito, as partes serão devidamente intimadas a se manifestarem, oportunidade em que poderão pleitear a redução dos honorários periciais propostos quando se mostrarem excessivos, bem como, requerer a substituição do perito por faltar-lhe conhecimento técnico ou científico no objeto da perícia, o que só poderá ser constatado após tomarem conhecimento de seu currículo (art. 465, §2º, II, CPC).

Vale lembrar que, tal como citado anteriormente, "é dever do próprio perito escusar-se, de ofício, do encargo que lhe foi atribuído, na hipótese em que seu conhecimento técnico não seja suficiente para realizar o trabalho pericial de forma completa e confiável", não sendo "possível exigir das partes que sempre saibam, de antemão, quais são exatamente as qualificações técnicas e o alcance dos conhecimentos do perito nomeado." (REsp nº 957.347/DF).

Nos casos em que o objeto da perícia versar sobre a autenticidade ou a falsidade de documentos, ou tiver natureza médico-legal, o perito será nomeado preferencialmente entre os técnicos dos estabelecimentos oficiais especializados (art. 478, CPC).

Quando a perícia tiver que ser realizada por carta, a nomeação do perito e a indicação dos assistentes técnicos será feita perante o juízo ao qual será requisitada a perícia (art. 465, §6º, CPC).

O QUE SABER SOBRE PERÍCIA CONSENSUAL?

Além da nomeação do perito pelo juiz, a Lei nº 13.105/2015 passou a permitir que as partes, de comum acordo, escolham o perito que deverá atuar no caso (art. 471). Essa escolha poderá ser feita através de requerimento das partes, se plenamente capazes, e desde que a causa admita autocomposição.

No mesmo momento em que as partes, de comum acordo, escolhem o perito, deverão indicar seus assistentes técnicos e apresentar quesitos.

O trabalho pericial será realizado em local e data previamente agendados, tendo o perito que apresentar seu laudo no prazo fixado pelo juiz, assim como deverão fazer também os assistentes técnicos com seus pareceres.

A perícia consensual não enfraquece a força probante do trabalho, substituindo, para todos os efeitos, a perícia que se realizaria caso o expert fosse nomeado pelo magistrado.

COMO O TRIBUNAL ENTENDE ACERCA DOS HONORÁRIOS PERICIAIS?

Apresentada a proposta de honorários e oportunizada a manifestação das partes, se o valor proposto mostrar-se excessivo poder-se-á pleitear a redução com fundamento nos princípios da razoabilidade e da proporcionalidade, cabendo ao magistrado decidir.

De fato, a proposta de honorários periciais apresentada em valor eventualmente exorbitante, pode acabar inviabilizando ou restringindo o direto de acesso à justiça, o que justifica e legitima a redução. Nesse sentido já se manifestaram nossos tribunais, valendo citar, dentre outras, as seguintes decisões:

"1. AÇÃO DE PRESTAÇÃO DE CONTAS. CESSÃO DE COTAS SOCIAIS. INGRESSO DE SÓCIO EM 2010. DIREITO QUE NASCE APÓS O INGRESSO DO NOVO SÓCIO NA SOCIEDADE. PERÍCIA CONTÁBIL. RESTRIÇÃO DO OBJETO DA PERÍCIA. (...).

2. HONORÁRIOS PERICIAIS. REDUÇÃO. Quanto ao valor dos honorários periciais, a decisão merece reforma. Sem desmerecer o trabalho do i. expert e a sua importância como auxiliar do Juízo afigura-se exacerbado o valor pretendido. É certo que a estipulação de honorários periciais exorbitantes inviabiliza o próprio direito de ação das partes. Importa ressaltar, ainda, que os honorários do perito devem guardar proporcionalidade com a complexidade do trabalho a ser realizado. *In casu*, cuida-se análise de contas de restaurante de médio porte. Assim sendo, impõe-se a redução dos honorários fixados em 6.592,83 UFIRs (R$ 15.000,00) para o valor de R$ 5.000,00, o qual se afigura razoável e justo para remunerar o seu trabalho, para o exercício de 2010. PROVIMENTO PARCIAL DO RECURSO."[XVII]

"AGRAVO DE INSTRUMENTO – AÇÃO DE INDENIZAÇÃO – PERÍCIA CONTÁBIL – HONORÁRIOS PERICIAIS – PROPORCIONALIDADE E RAZOABILIDADE – VALOR EXORBITANTE – REDUÇÃO DEVIDA – RECURSO PROVIDO. –

Os honorários periciais devem ser arbitrados pelo Julgador segundo a natureza, a complexidade e o tempo exigido para a realização dos trabalhos, observando-se os critérios da razoabilidade e da proporcionalidade."[XVIII]

"ACIDENTE DO TRABALHO. HONORÁRIOS PERICIAIS. VALOR REPUTADO EXORBITANTE. VERBA REDUZIDA A MONTANTE RAZOÁVEL. Os honorários periciais fixados pelo juiz da causa podem ser reduzidos em segunda instância, se não foram observados adequadamente a natureza da causa, sua complexidade, valor, dificuldade, o tempo despendido para sua realização e a qualificação do signatário."[XIX]

Uma vez reduzido o valor dos honorários periciais, é certo que o perito nomeado não pode ser compelido à realização do ofício, sendo justa sua eventual recusa. Nesta hipótese, caberá ao magistrado a nomeação de outro perito para o encargo. Nesse sentido, *in verbis*:

"AGRAVO DE INSTRUMENTO. DIREITO PROCESSUAL CIVIL. HONORÁRIOS PERICIAIS. VALOR EXORBITANTE. REDUÇÃO. POSSIBILIDADE. I – O arbitramento dos honorários do perito deve levar em consideração o zelo profissional, o lugar da prestação do serviço, o tempo exigido para a sua execução e a importância para a causa. II – Verificada a exorbitância dos referidos honorários, é cabível a redução da verba para adequá-la aos critérios legais, não estando, contudo, o profissional obrigado a realizar a perícia pelo valor da remuneração fixada, devendo, nesse caso, declinar do encargo para que o magistrado proceda à nomeação de outro perito judicial. III – Deu-se provimento ao recurso."[XX]

Com efeito, o artigo 468 do Código de Processo Civil não limita a atividade do juiz quanto à substituição do perito. Assim, caso o expert não concorde com a redução dos honorários propostos, o juiz poderá substituí-lo. Confira-se, *in verbis*:

"PERITO. FIXAÇÃO DE HONORÁRIOS. HONORÁRIOS CONSIDERADOS ONEROSOS. SUBSTITUIÇÃO POR OUTRO PERITO. PROVA PERICIAL CONSIDERADA IMPRESCINDÍVEL.

Não está o magistrado, reputando imprescindível ao julgamento da lide a realização da prova pericial, impedido de substituir o perito diante de honorários considerados onerosos. A regra do art. 424 do CPC não limita a atividade jurisdicional neste aspecto. Seria contrária ao senso comum admitir que a fixação de honorários considerados onerosos, fosse causa impeditiva da substituição do perito por outro com honorários compatíveis.

RECURSO ESPECIAL NÃO CONHECIDO."

"AGRAVO DE INSTRUMENTO – Execução – Avaliação de imóveis penhorados – Fixação dos honorários antes da apresentação do laudo: descabimento – Legalidade do adiantamento em garantia dos honorários periciais que devem ser fixados a vista do laudo – CPC, art. 33, § Único – Valor arbitrado em consideração da estimativa do perito – Aceitação da estimativa que indica ser o serviço bem conhecido do louvado – Redução de R$3.700,00 para R$ 2.700,00 sob o fundamento de que é só de avaliação que se trata: fundamentação que não convence – Fixação dos honorários em R$1.880,00 mínimo da tabela do IBAPE – Substituição do perito se não for aceito o valor aqui arbitrado – Agravo provido."[XXII]

Fixado o valor dos honorários periciais, a parte que requereu a produção da prova pericial deverá adiantar o recolhimento da referida importância. Esse montante será rateado entre as partes quando a prova pericial for determinada de ofício, ou requerida por ambas (art. 95, CPC).

A parte poderá requerer ao juiz que autorize o recolhimento dos honorários periciais em duas parcelas correspondentes a 50% (cinquenta por cento) cada uma, sendo a primeira no início dos trabalhos, e a última após o perito entregar do laudo e prestar todos os respectivos esclarecimentos (art. 465, §4º, CPC).

Quanto ao levantamento dos honorários periciais, mais adiante, ao tratarmos da deficiência do trabalho pericial, abordaremos hipóteses que acarretam o indeferimento do levantamento integral do valor arbitrado.

COMO ANALISAR A PROVA PERICIAL E O BENEFICIÁRIO DA JUSTIÇA GRATUITA?

Nos processos em que a parte é beneficiada pela gratuidade da justiça, a prova pericial poderá ser realizada: a) por servidor do Poder Judiciário ou por órgão público conveniado; ou, b) por particulares. Será custeada, no primeiro caso, com recursos alocados no orçamento do ente público; e no segundo, com recursos alocados no orçamento da União, do Estado ou do Distrito Federal, sendo seu valor fixado conforme tabela do tribunal respectivo ou, em caso de sua omissão, do Conselho Nacional de Justiça (art. 95, §3º, CPC). Destaque-se que é vedado o uso de recursos do fundo de custeio da Defensoria Pública para realização de prova pericial (art. 95, §5º, CPC).

Após o trânsito em julgado da decisão final, o magistrado oficiará a Fazenda Pública para que promova, contra quem tiver sido condenado ao pagamento das despesas processuais, a execução dos valores gastos com a perícia particular ou com a utilização de servidor ou estrutura de órgão público. Caso o responsável pelo pagamento das despesas seja beneficiário de gratuidade da justiça, observar-se-á o disposto no artigo 98, §§ 2º e 3º, do Código de Processo Civil.

COMO SE DÁ A RECUSA AO PERITO?

Intimadas da nomeação do perito, e não tendo este se escusado, as partes poderão, se for o caso, arguir seu impedimento (art. 144, CPC) ou suspeição (art. 145, CPC) no prazo de quinze dias (arts. 148, II; 465, §1º e 467, CPC).

As partes também poderão, no prazo de cinco dias, recusar o perito sob o argumento de que o mesmo não possui conhecimento técnico ou científico para a realização da perícia, o que poderá ser constatado a partir da análise de seu currículo e respectivas especializações, pois como já visto, o legislador foi expresso, e até repetitivo, ao exigir que a nomeação do expert considere sua especialização quanto ao objeto da perícia.

Atente-se que eventual ausência de impugnação tempestiva ao perito por faltar-lhe capacitação técnica ou científica deve ser relativizada, pois como já entendeu o Superior Tribunal de Justiça "não é possível exigir das partes que sempre saibam, de antemão, quais são exatamente as qualificações técnicas e o alcance dos conhecimentos do perito nomeado." (REsp nº 957.347/DF).

Julgando procedente a impugnação, seja por impedimento ou suspeição, ou ainda por falta de conhecimento técnico ou científico, o magistrado nomeará outro perito (art. 467, par. ún., e art. 468, I, CPC).

EXISTEM AINDA PONTOS A SABER, SOBRE QUESITOS E ASSISTENTE TÉCNICO?

Já vimos que pelo artigo 465, §1º, do Código de Processo Civil, com a intimação da nomeação do perito as partes deverão, no prazo de 15 (quinze) dias, indicar assistentes técnicos a apresentar quesitos. Por serem profissionais de confiança das partes é óbvio que os assistentes técnicos não podem ser alvos de arguição de suspeição ou impedimento, mas apesar dessa obviedade, o legislador preferiu deixar expressa tal situação (art. 466, §1º, CPC).

Entendemos que esse prazo não é preclusivo, de modo que, enquanto não iniciados os trabalhos do perito, as partes poderão indicar seus assistentes técnicos e apresentar quesitos. Disposição semelhante já era encontrada no Código de 1973[XXIV], porém com prazo menor (cinco dias), tendo a jurisprudência se firmado no sentido de que não se opera a preclusão, *in verbis*:

"AGRAVO REGIMENTAL NO AGRAVO EM RECURSO ESPECIAL. PRAZO PARA APRESENTAÇÃO DE QUESITOS E ASSISTENTE TÉCNICO. AUSÊNCIA DE PRECLUSÃO. SÚMULA 83/STJ. RECURSO NÃO PROVIDO.

De acordo com firme jurisprudência do Superior Tribunal de Justiça, o prazo para indicação do assistente técnico e formulação de quesitos não é preclusivo, de modo que podem ser feitos após o prazo de 5 (cinco) dias previsto no art. 421, § 1º, do CPC, desde que antes do início dos trabalhos periciais.

O enunciado da Súmula 83/STJ se aplica indistintamente aos recursos especiais fundados nas alíneas "a" e "c" do art. 105 da Constituição Federal.

Agravo regimental não provido."

Apresentados os quesitos pelas partes, o juiz os analisará podendo, de ofício ou a requerimento, indeferir os que reputar impertinentes. Desta forma, admitida a possibilidade das partes apresentarem quesitos após o prazo do artigo 465, §1º, e desde que antes de iniciados os trabalhos periciais, acreditamos que o perito só poderá respondê-los depois de deferidos pelo magistrado (art. 470, CPC). Além dos quesitos das partes já deferidos, no laudo o perito deverá responder também os quesitos eventualmente formulados pelo juiz (art. 470, II, CPC).

Quanto aos quesitos suplementares, poderão ser apresentados pelas partes durante a diligência, não estando o perito obrigado a respondê-los no laudo, haja vista que o artigo 469 autoriza a apresentação dessas respostas apenas na audiência de instrução e julgamento.

Com efeito, considerando que os quesitos suplementares são apresentados durante o trabalho pericial, para respondê-los previamente – no laudo – o perito carecerá da aprovação do magistrado quanto àqueles possivelmente impertinentes. Assim, caso o perito não esteja certo quanto à pertinência desses quesitos suplementares é prudente que opte por respondê-los somente em audiência, após a aprovação dos mesmos pelo juiz (art. 470, I, CPC).

Por fim, vale observar que nas perícias mais complexas, que abrangem mais de uma área do conhecimento, o juiz pode nomear mais de um perito, caso em que às partes também é facultada a indicação de mais de um assistente técnico.

COMO SE DÁ A REALIZAÇÃO DO TRABALHO PERICIAL?

Com total zelo e diligência (art. 157, CPC) o perito – ou órgão – cumprirá escrupulosamente o encargo que lhe foi cometido (art. 466, CPC), devendo concluir seus trabalhos dentro do prazo fixado pelo juiz, incluída sua eventual prorrogação (art. 476, CPC). Não é demais lembrar que, além de outras sanções, o perito judicial poderá ser responsabilizado pelos prejuízos que vier a causar às partes na hipótese de prestar informações inverídicas por culpa ou dolo (art. 158, CPC).

As partes serão intimadas do local e da data de início da perícia, que serão fixados pelo juiz ou indicados pelo perito, incumbindo a este o dever de comunicar, com antecedência mínima de 05 (cinco) dias, todas as diligências e exames que tiver que realizar, garantindo aos assistentes técnicos total acesso e acompanhamento dos trabalhos periciais.

Aos peritos e assistentes técnicos é facultada a utilização "de todos os meios necessários" para o desempenho de suas funções, ouvindo testemunhas, obtendo informações, solicitando documentos que estejam em poder da parte, de terceiros ou em repartições públicas, bem como instruir o laudo com planilhas, mapas, plantas, desenhos, fotografias ou outros elementos necessários ao esclarecimento do objeto da perícia (art. 473, §3º, CPC).

O perito não pode ultrapassar os limites de seu encargo, sendo vedada a apresentação de opiniões pessoais que excedam ao que é travejado pelo exame técnico ou científico do objeto da perícia (art. 473, §2º, CPC).

Se a natureza da perícia for médico-legal, ou tiver a finalidade de verificação da autenticidade ou falsidade de documento, para o encargo de perito juiz dará preferência aos profissionais dos estabelecimentos oficiais especializados, casos em que autorizará a remessa dos autos, bem como do material sujeito a exame, aos cuidados dos respectivos diretores.

Quando o exame tiver por objeto a autenticidade da letra e da firma, o perito poderá requisitar, para efeito de comparação, documentos existentes em repartições públicas e, na falta destes, poderá requerer ao juiz que a pessoa a quem se atribuir a autoria do documento lance em folha de papel, por cópia ou sob ditado, dizeres diferentes, para fins de comparação.

Não cumprido, sem justo motivo, o encargo no prazo assinado pelo juiz, o perito será substituído (art. 468, II, CPC), devendo o juiz comunicar tal ocorrência à corporação profissional respectiva, podendo impor multa ao perito, fixada com base no valor da causa e o possível prejuízo decorrente do atraso no processo (art. 468, §1º, CPC). O perito substituído deverá restituir, no prazo de 15 (quinze) dias, os valores eventualmente já recebidos pelo trabalho não realizado, sob pena de ficar impedido de atuar como perito judicial pelo prazo de 5 (cinco) anos (art. 468, §2º, CPC). Não ocorrendo a restituição de forma voluntária a parte que tiver realizado o adiantamento dos honorários periciais poderá promover execução contra o perito, na forma de cumprimento de sentença (art. 513, CPC), com fundamento na decisão que determinar a devolução do numerário (art. 468, §3º, CPC).

PARA ENTENDER O QUE É O LAUDO PERICIAL?

O laudo deverá ser entregue no prazo fixado pelo juiz, com pelo menos 20 (vinte) dias de antecedência à data da audiência de instrução e julgamento (art. 477, CPC). Havendo justo motivo, o perito poderá requerer ao juiz, uma única vez, a prorrogação do prazo para entrega do laudo, o que não excederá a metade do prazo originariamente assinado (art. 476, CPC).

Ainda que a parte seja beneficiada pela gratuidade da justiça, e a perícia fique a cargo de órgãos e repartições oficiais, o Código de Processo Civil não flexibiliza o prazo para cumprimento do encargo, devendo a determinação judicial para realização da perícia ser cumprida "com preferência, no prazo estabelecido" (art. 478, §1º, CPC). Ou seja, caberá aos referidos órgãos e repartições oficiais, dentre as suas atividades, darem preferência à realização da perícia de modo a concluí-la dentro do prazo judicialmente estabelecido. Neste caso – perícia realizada por órgãos e repartições oficiais – a eventual prorrogação do prazo (art. 478, §2º, CPC) também deverá observar o limite do artigo 476.

Dispondo sobre a estruturação do laudo pericial, o artigo 473 do Código de Processo Civil exige que o perito judicial apresente:

    a) a exposição do objeto da perícia – trata-se de uma explanação clara do perito sobre os elementos que integram o objeto da perícia, inclusive destacando as principais questões a serem esclarecidas pelo trabalho pericial.
    b) a análise técnica ou científica realizada – o perito deve relatar detalhadamente e através de linguagem simples como desenvolveu o trabalho técnico ou científico, de modo a permitir que o juiz, as partes e o Ministério Público compreendam todos os fundamentos que o levaram a uma determinada conclusão.
    c) a indicação do método utilizado, esclarecendo-o e demonstrando ser predominantemente aceito pelos especialistas da área do conhecimento da qual se originou – além de relatar a "análise técnica ou científica realizada", deve o perito indicar e esclarecer qual método utilizou para alcançar suas conclusões, comprovando que tal metodologia é a predominantemente aceita pelos especialistas dessa área do saber.

d) respostas conclusivas a todos os quesitos apresentados pelo juiz, pelas partes e pelo órgão do Ministério Público – no laudo o perito tem o dever de apresentar "respostas conclusivas" a todos os quesitos apresentados pelo juiz, pelas partes e pelo Ministério Público. Somente não deverá responder aos quesitos impertinentes indeferidos pelo magistrado. Também não terá o dever de apresentar, no laudo, respostas aos quesitos suplementares formulados pelas partes durante o trabalho pericial, podendo optar por respondê-los apenas na audiência de instrução e julgamento (art. 469, CPC)

Note-se que o artigo 473, IV, do Código de Processo Civil é expresso ao cobrar do perito "respostas conclusivas", não se admitindo que quesitos sejam respondidos sem a devida fundamentação, como ocorre, por exemplo, quando o expert se limita a responder apenas "sim", "não" ou "prejudicado".

Em pesquisa jurisprudencial é possível observar que, não é raro alguns peritos deixarem de responder quesitos. Em muitos casos, mas não todos, esse vício pode ser sanado com a mera intimação do expert para complementação do laudo. Contudo, há situações em que as respostas intempestivas dependerão, indispensavelmente, da realização de nova perícia.

Um dos principais objetivos que norteiam o trabalho pericial é encontrar "respostas conclusivas" para os quesitos formulados pelas partes, pelo juiz e pelo Ministério Público. Naturalmente, ao iniciar seus trabalhos o expert se debruça sobre o objeto da perícia almejando responder tudo que lhe foi indagado.

Ora, uma vez que já foram concluídas as diligências do perito e ele deixou de responder os quesitos, pressupõe-se que durante o exame pericial não dedicou a devida atenção à obtenção das respostas esperadas e necessárias, de modo que a mera apresentação intempestiva das mesmas poderá ser prejudicial às partes, bem como comprometer a segurança e o resultado útil do processo.

Com efeito, dependendo do caso, não se pode admitir que o laudo insuficiente ou lacônico, por ausência de manifestação quanto aos quesitos, possa ser apenas complementado com respostas tardias, as quais certamente não decorrerão do atento e diligente exame do objeto da perícia (art. 480, CPC). Confira-se, *in verbis*:

> "Perícia insubsistente, persistindo dúvidas a respeito de existência ou não de lesão incapacitante para o trabalho. Quesitos das partes não respondidos. Conversão do julgamento em diligência para a vinda de documentos e realização de nova perícia."

No julgamento do caso acima citado, o Desembargador Relator bem destacou o dever dos peritos responderem os quesitos, *in verbis*:

> "(...).Diante desse quadro, submetido a perícia judicial, o expert nomeado, sem se aprofundar na análise dos exames realizados e também sem trazer resposta aos quesitos apresentados, concluiu, em resumo, que a existência da exposição ao ruído a que o examinando se submetia, 'não vem modificar o diagnóstico da disacusia que apresenta, uma presbiacusia, patologia auditiva degenerativa que não está relacionada com a exposição ao ruído e portanto, não podendo ser tecido o nexo causal', como pretende o autor e assim, 'nada há a indenizar do ponto de vista acidentário' no âmbito da perícia realizada (fls.72/75).

Ora, a perícia realizada é insubsistente para se firmar com base nela um juízo de certeza ou dele aproximam-te, não tendo, também, feito qualquer referência ou comentários aos quesitos apresentados, o que chega a ser inaceitável, pois o perito deve sempre responder os quesitos, não sendo, também, de boa feitura, em vez de respondê-los, apenas se reportar ao laudo pericial.

Dessa forma, nova perícia deve ser realizada, nomeando-se novo perito judicial para tal, o qual deverá trazer aos autos uma análise melhor sobre os problemas auditivos do autor, respondendo inclusive os quesitos pertinentes dentre aqueles excessivos trazidos pelas partes (fls.7/9 e 51/53), bem como estabelecer a data provável da eclosão das supostas moléstias auditivas. (...)"

Em todas as etapas do laudo, inclusive ao responder quesitos, "o perito deve apresentar sua fundamentação em linguagem simples e com coerência lógica, indicando como alcançou suas conclusões" (art. 473, §1º, CPC).

Apresentado o laudo, o juiz determinará a intimação das partes para se manifestarem em 15 (quinze) dias, prazo em que poderão ser apresentados os pareceres de seus assistentes técnicos (art. 477, §1º, CPC).

Havendo divergências ou dúvidas das partes, do juiz, do Ministério Público, ou ainda, se houver pontos divergentes entre os pareceres técnicos e o laudo pericial, o perito judicial deverá, no prazo de 15 (quinze) dias, apresentar os devidos esclarecimentos (art. 477, §2º, CPC) em linguagem simples e com a devida fundamentação.

Se após esses esclarecimentos ainda houver dúvida ou divergência, a parte poderá requerer ao juiz a intimação do perito ou assistente técnico para comparecimento à audiência de instrução e julgamento, na qual deverão responder os quesitos que forem apresentados juntamente com tal requerimento (art. 477, §3º, CPC). Essa intimação se realizará por e-mail, com pelo menos 10 (dez) dias de antecedência da audiência (art. 473, §4º, CPC).

O QUE É A PERÍCIA DEFICIENTE OU INCONCLUSIVA?

Inúmeros fatores podem acarretar a insuficiência do trabalho pericial e respectivo laudo, como, por exemplo, a ausência de respostas a quesitos, a falta de fundamentação, e o não esclarecimento das principais questões que envolvem o objeto da perícia. A título de ilustração, vejamos alguns casos:

"PREVIDENCIÁRIO. AUXÍLIO-DOENÇA. APOSENTADORIA POR INVALIDEZ. LAUDO PERICIAL INSUFICIENTE. SENTENÇA ANULADA. Quando a perícia judicial não cumpre os pressupostos mínimos de idoneidade da prova técnica, ela é produzida, na verdade, de maneira a furtar do magistrado o poder de decisão, porque respostas periciais categóricas, porém sem qualquer fundamentação, revestem um elemento autoritário que contribui para o que se chama decisionismo processual. Hipótese em que foi anulada a sentença para a realização de nova prova pericial."[XXVIII]

"APELAÇÕES CÍVEIS. AÇÃO INDENIZATÓRIA. ERRO MÉDICO. ALEGAÇÃO DE ERRO NO USO DE FÓRCEPS. INFANTE QUE RESTOU COM GRAVES LESÕES NEUROLÓGICAS. LAUDO PERICIAL INSUFICIENTE. NECESSIDADE

DE REALIZAÇÃO DE PROVA COMPLEMENTAR POR ESPECIALISTA NA ÁREA DE OBSTETRÍCIA. DESCONSTITUIÇÃO DO ATO SENTENCIAL. Insuficientes os elementos de convicção para um juízo definitivo sobre a correção ou não no uso de fórceps para o nascimento do autor Gabriel, o qual restou com graves sequelas neurológicas em razão de fratura craniana no momento do procedimento, faz-se necessária a complementação da prova pericial realizada por neurologista, o qual deixou de responder quesitos formulados para se inferir como se deu o uso da referida ferramenta médica, devendo ser nomeado especialista na área obstetrícia para tal. Aplicação do disposto nos artigos 437 e 438 do CPC. Sentença desconstituída. SENTENÇA DESCONSTITUÍDA. RECURSOS PREJUDICADOS."[XXIX]

"PREVIDENCIÁRIO. AUXÍLIO DOENÇA. SENTENÇA IMPROCEDENTE. LAUDO PERICIAL INSUFICIENTE, IMPOSSIBILITANDO O EXAME DA PRESENÇA DOS REQUISITOS PARA O BENEFÍCIO. SENTENÇA ANULADA. APELAÇÃO DA AUTORA PREJUDICADO. 1. (...). 3. O laudo pericial pouco esclarece sobre a situação da autora, notadamente: a) provável data do início das doenças; b) se incapacitantes, qual o início da incapacidade; c) se há eventual possibilidade de reabilitação profissional para exercício de outra atividade. O perito não se convenceu acerca da existência das doenças alegadas. Ademais, dada a natureza das enfermidades apontadas, afirma que seria conveniente o pronunciamento de um especialista (psiquiatra). 4. Considerando a demora na tramitação do feito e, ainda, que, não obstante sua imperfeição, o exame pericial aponta, aparentemente, para a incapacidade laborativa, determino ao INSS que implante, a favor do autor, provisoriamente, o auxílio-doença, cuja concessão poderá ser revista após a realização de nova perícia. 5. Apelação da parte autora prejudicada. Sentença anulada, de ofício, com o retorno dos autos à Vara de Origem, para a realização da perícia adequada, após o que, observadas as formalidades legais, deve ser proferida nova sentença, concedendo ou negando o benefício."[XXX]

"Apelação – Ação indenizatória por danos materiais e morais (estéticos) – Erro médico – Laudo pericial lacônico – Respostas vagas e imprecisas aos quesitos formulados pelas partes – Imprescindibilidade de realização de nova perícia (art. 437, segunda parte, CPC), igualmente pelo IMESC (e em regime de urgência), sob pena de impossibilidade de compreensão e decisão da questão de fundo – Anulação da r. sentença devida – Recurso provido."[XXXI]

"APELAÇÃO. DESAPROPRIAÇÃO LAUDO PERICIAL INSUFICIENTE. DISCREPÂNCIA DE VALORES. NULIDADE DO DECISÓRIO. CABIMENTO. Apresentando o Perito Judicial laudo que não esclarece suficientemente as questões necessárias ao exame do mérito, de cunho eminentemente técnico, deixando quesitos sem resposta, resultando-se pela evidente discrepância de valores em prejuízo ao ente público, determina-se a realização de nova prova, em observância às formalidades pertinentes. Decisão reformada. Recurso da expropriante provido; prejudicado o do coexpropriado Banco do Brasil S/A."[XXXII]

"DANOS MATERIAL E MORAL INDENIZAÇÃO – LAUDO PERICIAL NÃO ESCLARECE AS QUESTÕES PRINCIPAIS – PRONTUÁRIO ODONTOLÓGICO NÃO FAZ REFERÊNCIA A PRÓTESE – OBRIGAÇÃO DO DENTISTA DE POSSUIR FICHA CLÍNICA COM ANOTAÇÕES PORMENORIZADAS DO TRATAMENTO MINISTRADO AO CLIENTE DESORGANIZAÇÃO DO CONSULTÓRIO DA RÉ QUE CORROBORAM COM AS ALEGAÇÕES ARTICULADAS NA INICIAL – INVERSÃO DO ÔNUS DA PROVA – APELO DESPROVIDO"[XXXIII]

Caso o perito não atenda às exigências legais para o exercício de suas funções e disto resulte uma perícia deficiente ou inconclusiva, o juiz poderá reduzir os honorários periciais inicialmente arbitrados.

Apesar de o artigo 465, §5º, do Código de Processo Civil dizer que "o juiz poderá" reduzir a remuneração do perito, cremos que a interpretação sistemática implica a conclusão de que a redução dos honorários periciais é de rigor. Com efeito, não tendo desempenhado seu ofício como deveria, já que a perícia foi reputada deficiente ou inconclusiva, o recebimento do valor integral dos honorários periciais caracteriza enriquecimento ilícito, mormente pelo fato de que para a realização de nova perícia outros honorários deverão ser pagos pela parte, que acabaria sendo onerada excessivamente.

Cremos, inclusive, que o juiz pode até mesmo indeferir o levantamento de qualquer valor pelo perito quando a prova pericial for declarada nula por sua culpa. É o caso, por exemplo, do perito que, não observando seus deveres de zelo e diligência, realiza a perícia de forma desidiosa e apresenta um laudo deficiente com conclusões parcas, que nem mesmo após os esclarecimentos é possível a valoração da prova pelo magistrado. Nesse sentido, in verbis:

"AGRAVO DE INSTRUMENTO – PERÍCIA DECLARADA NULA POR CULPA EXCLUSIVA DO PERITO – AUTORIZAÇÃO PARA LEVANTAMENTO PARCIAL DOS HONORÁRIOS PERICIAIS – IMPOSSIBILIDADE. – Se a prova pericial foi declarada nula por culpa exclusiva do expert, nenhum efeito desta pode ser percebido, não se justificando, desse modo, o pagamento dos honorários periciais com relação a esta prova. O perito, por sua culpa, não realizou o serviço que consistia na realização de uma prova apta a auxiliar o juízo no julgamento da demanda, pelo que não merece receber a devida contraprestação."[XXXIV]

COMO DEVEMOS ENTENDER UMA NOVA PERÍCIA?

Caracterizada a deficiência da perícia, retratada por um laudo lacônico ou inconclusivo, o juiz determinará, de ofício, ou a requerimento da parte, a realização de nova perícia (art. 480, CPC), que será regida pelas mesmas disposições estabelecidas para a perícia que a antecedeu (art. 480, §2º, CPC).

A segunda perícia terá por objeto os mesmos fatos sobre os quais recaiu a primeira, suprindo omissões ou corrigindo inexatidões dos resultados decorrentes do trabalho pericial anterior (art. 480, §1º, CPC).

Nos termos do artigo 480, §3º, "a segunda perícia não substituirá a primeira, cabendo ao juiz apreciar o valor de uma e de outra". Pensamos que a aplicação desta regra somente será possível quando os vícios forem sanáveis. Afinal, se o trabalho pericial vier a ser considerado nulo, não há como se cogitar sua valoração pelo magistrado, hipótese na qual a segunda perícia certamente é realizada em substituição à primeira.

Se o perito não conseguiu realizar seu trabalho técnico ou científico de modo a elucidar todas as questões sobre o objeto da perícia, concluir-se-á, que além da necessidade de nova perícia (art. 480, CPC), esta deverá ser realizada por outro perito, pois resta evidente que, ainda que especializado no objeto da perícia, faltou-lhe conhecimentos para tanto (art. 468, I, CPC).

Vimos que inúmeras disposições regram a forma de realização do trabalho pericial e confecção do respectivo laudo, possibilitada, inclusive, a determinação de nova perícia e por outro perito, se assim for o caso. Isto, consequentemente, resulta a conclusão de que dependendo dos vícios que comprometem o trabalho pericial, este pode ser considerado nulo.

A Lei nº 13.105/2015 mostra-se mais preocupada com a forma dos atos processuais, ou seja, com o atendimento das normas pelas quais o legislador preconcebeu a finalidade do ato. Entretanto, admite-se que mesmo não observada a forma para materialização do ato processual, será considerado válido se a sua finalidade for atingida sem trazer prejuízo às partes.

No âmbito da prova pericial, a finalidade do ato – perícia – é a elucidação de todas as questões técnicas ou científicas por perito judicial especializado no objeto da perícia, incumbido de exercer o encargo escrupulosamente, com zelo e diligência, cujo laudo deverá ser redigido em linguagem simples e plenamente fundamentado, com respostas conclusivas a todos os quesitos, e fornecendo às partes, ao juiz, aos assistentes técnicos e ao Ministério Público, os esclarecimentos necessários relativos ao objeto da perícia. Conseqüentemente, não observada a forma legalmente prevista, e não se atingindo a finalidade da perícia, esta não poderá ser considerada válida, sendo de rigor a determinação de perícia substitutiva, que deverá ser realizada por outro perito.

COMO SE DÁ O REEXAME DAS DECISÕES NA PERÍCIA?

Do que foi visto, pudemos observar que várias decisões são proferidas durante a produção da prova pericial. Porém, qualquer que seja o conteúdo dessas decisões, não desafiam agravo de instrumento, por expressa ausência de previsão legal (art. 1.015, CPC). Como já tivemos a oportunidade de expor "a Lei nº 13.105/2015 taxou as hipóteses de cabimento do agravo de instrumento, inviabilizando, consequentemente, a interposição desse recurso contra decisões interlocutórias proferidas sobre outros assuntos."

Entretanto, ressalvada a possibilidade de impetrar mandado de segurança, a parte poderá, quando da interposição do recurso de apelação, ou em contrarrazões, em preliminar, suscitar as questões decididas e não agraváveis (art. 1.009, §1º, CPC), submetendo-as ao reexame pelo tribunal.

Por outro lado, quando a produção da prova pericial for realizada antecipadamente (arts. 381/383, CPC), o artigo 382, §4º, do Código de

Processo Civil, estabelece que nesse procedimento não se admite defesa ou recursos, salvo contra a decisão que indeferir totalmente a produção da prova pericial pelo requerente originário. Provavelmente, ao assim dispor, o legislador considerou que nesse procedimento não se discute o mérito da questão que envolve a prova produzida antecipadamente, o que justificaria vedar a apresentação de defesa ou a interposição de recursos.

Ocorre que para a produção antecipada da prova, qualquer que seja ela (pericial, oitiva de testemunha, etc.), várias normas devem ser observadas, inclusive pelo magistrado, cujas decisões não desafiam agravo de instrumento. Assim, por não haver no procedimento de antecipação de provas espaço para recurso de apelação (art. 382, §4º, CPC), a parte que se sentir lesada pela decisão interlocutória não poderá, suscitar a respectiva questão (art. 1.009, §1º, CPC), o que nos parece ferir princípios processuais constitucionais, haja vista que a decisão singular de primeiro grau de jurisdição será, por si só, imutável.

Nesse contexto, considerando nossa posição já apresentada noutra ocasião[XXXVI], entendemos que a parte lesada pela decisão interlocutória irrecorrível poderá impetrar mandado de segurança. Confira-se, *in verbis*:

"PROCESSUAL CIVIL. RECURSO ORDINÁRIO EM MANDADO DE SEGURANÇA. IMPETRAÇÃO CONTRA DESPACHO. AUSÊNCIA DE RECURSO CABÍVEL. INAPLICABILIDADE DA SÚMULA Nº 267 DO STF. TERCEIRO INTERESSADO. SÚMULA Nº 202 DO STJ. INAPLICABILIDADE DA TEORIA DA CAUSA MADURA AO RECURSO ORDINÁRIO. RECURSO PROVIDO.

Não há previsão no ordenamento jurídico de recurso contra despachos. É, portanto, cabível a impetração de mandado de segurança. Hipótese em que deve ser afastado o entendimento da Súmula nº 267 do STF.

(...).

Recurso ordinário provido, para anular o acórdão recorrido, determinando que o Tribunal de Justiça de São Paulo conheça da impetração e sobre ela decida."

"RECURSO ORDINÁRIO EM MANDADO DE SEGURANÇA – DESPACHO – INEXISTÊNCIA DE RECURSO PRÓPRIO – MANDADO DE SEGURANÇA

– CABIMENTO – ACESSO AOS AUTOS – VISTA FORA DE CARTÓRIO – PRERROGATIVA DO ADVOGADO – LEGITMIDADE – AUSÊNCIA DE SIGILO – GARANTIA DO ESTATUTO DA OAB E DO CÓDIGO DE PROCESSO CIVIL – RECURSO PROVIDO.

(...)

O ato judicial que determinou a remessa dos autos ao Tribunal de Justiça tem natureza de despacho, porquanto conferiu andamento ao processo. Nesse contexto, inexistindo recurso próprio para discutir o referido ato judicial (art. 504, do CPC), cabível o manejo de mandado de segurança. Escólio doutrinário. (...)"

5. Aplicabilidade das Normas de Direito Probatório da Lei Nº 13.105/2015

Ponto importante a ser destacado é que mesmo já tendo entrado em vigor, as normas de direito probatório constantes da Lei nº 13.105/2015 não são aplicadas às provas requeridas ou determinadas de ofício antes do início de sua vigência. É o que dispõe o artigo 1.047, *in verbis*:

"Art. 1.047. As disposições de direito probatório adotadas neste Código aplicam-se apenas às provas requeridas ou determinadas de ofício a partir da data de início de sua vigência."

Observe-se que não é a data da propositura da ação que determina quais são as normas de direito probatório aplicáveis, mas sim o momento que a que prova foi requerida pelas partes ou determinada de ofício pelo juiz. Assim, ainda que fase instrutória seja reaberta na vigência da Lei nº 13.105/2015, caso a prova tenha sido requerida ou determinada de ofício na vigência do Código de 1973, é este que regerá a respectiva produção.

CAPÍTULO 8

PARECER TÉCNICO

Aula sobre o tema:

https://youtu.be/Pwv5IwTYYdQ

EXISTE UM MODELO DE LAUDO QUE PODE SEGUIR?

Sim, o perito deve respeitar os requisitos do artigo 473 do CPC em que vamos expor um modelo, como parâmetro:

TEM UM MODELO PADRÃO DE PARECER TÉCNICO?

Sim, abaixo segue um modelo que poderá ser utilizado como tal.

PARECER TÉCNICO DOCUMENTOSCÓPICO/ GRAFOTÉCNICO

Processo nº: 123456789
Requerente: Octacilia xxxxxxxxxxxxxxx
Requerido: Banco xxxxxxxxxxxxxxx
Assistente técnico: Prof. Dr. Gleibe Pretti

1 Resumo dos Fatos e Objeto da Análise.

O presente parecer técnico tem o escopo de demonstrar ao Douto Juízo, que estamos diante análise grafotécnica/ documentoscópica referente a assinatura apostada em contratos de empréstimos, haja vista, que a divergência entre as assinaturas (padrão e quationada) são evidentes.

1.1 Objeto da Perícia (Análise da assinatura e dos traços feitos sobre ou sob a data)

ASSINATURA QUESTIONADA QUE CONSTA NOS AUTOS. ÀS FLS. 122, 123, 124, 125, 126, 132, 140

| Local e data
| SAO PAULO (SP), 07/08/2018   *Octacilia Emilia Conceição*

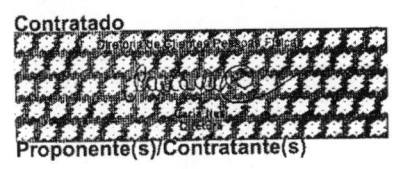

Contratado

[carimbo ilegível]

Proponente(s)/Contratante(s)

BANCO DO BRASIL   Proposta/Contrato de Adesão a Produtos e S
                                                            Pesso

Octacilia Emilia da Conceição
Nome: OCTACILIA EMILIA DA CONCEICAO
CPF: 248.936.558-41

| Data da adesão   *Octacilia Emilia Conceição*
| 07/08/2018

ASSINATURA PADRÃO ÀS FLS. 01, 02, 03, 04, 28, 133, 143, 144 e 145

Octacilia emília

Octacilia emília

Octacilia emília

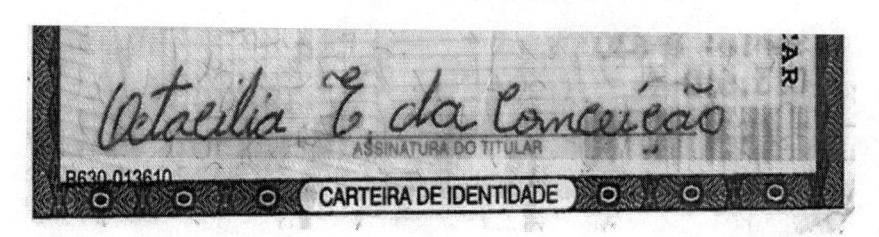

Octacilia E da Conceição

1.2 Método de trabalho:

Foram analisados os seguintes documentos: contrato de empréstimos.

O ponto crucial na análise, em um documento digital dar-se-á através de do DPI (dots per inch), em tradução direta são pontos por polegadas. Trata-se da medida utilizada para resolução de imagem impressa. No presente caso, temos a segurança de trabalharmos de 300 DPI a 600 DPI- este melhor resolução.

Seguiu-se o padrão internacional de análise, com a escala de 2,54 cm, de cada imagem, a fim de ter uma análise constante de todos os pontos e identificar se a assinatura foi feita antes ou depois da impressão da data, com esse parâmetro, chega-se a conclusão de que mesmo que a assinatura tenha 300 DPI de largura, por 300 DPI de altura, existe uma composição de 90.000 pixels (300 x 300 ppp), o que assegura o trabalho.

Uma vez feita a comparação com o número de pixels (que são pontos), chega-se a conclusão, mesmo na tela do computador, dos cruzamentos da assinatura e letra impressa.

Cumpre salientar que existe uma grande diferença entre a análise do DPI pra impressão e outro para comparar traços. No presente trabalho, pela sua essência, será abordado o segundo modelo.

1.3 Aparelhos utilizados.

- Mobile Microscope PH
- Cozy Magnifier e Microscope
- Luzes
- Tela de aumento
- InksCape

1.4 Metodologia específica na análise dos traços e da assinatura.

Do ponto de vista teórico, segue o embasamento do presente trabalho, com o intuito da análise das gêneses gráficas (diferente da forma gráfica).

Vale ressaltar inicialmente, que gênese e forma gráfica não se confundem aos olhos da perícia grafotécnica. A gênese é oriunda do sistema nervoso central e está submetida ao que chamamos de mente subconsciente, ou seja, os gestos da escrita são feitos instintivamente ao comando do cérebro não conseguindo qualquer pessoa que seja, por mais que tenha destreza em escrever, forjar tal traço, pois no ato da manipulação, traços seus ficaram marcados. Abordando sobre a gênese, devemos destacar as palavras do ilustre Mendes:

> A gênese é o elemento específico da escrita porque depende das condições psicossomáticas de cada indivíduo. Assim como as características físicas, fisiológicas e psíquicas variam ao infinito de pessoa para pessoa, também os movimentos psicossomáticos do gesto gráfico, ou seja, da gênese, variam sem limites e são peculiares de cada punho escritor. Não existindo, portanto, duas pessoas de movimentos iguais, não podem existir grafismos idênticos (MENDES, 2010, p. 40).

Situação essa que será demonstrada que as assinaturas apresentadas têm muito mais relevância às convergências naturais do que às divergências falsificadas, o que se provará que a assinatura ora questionada foi realizada do mesmo punho.

São unânimes em afirmar, parte dos autores que o gesto gráfico é algo individual e inconfundível, como veremos nos ensinamentos de Del Picchia:

> Para o grafotécnico, porém, não basta um sinal gráfico representar uma idéia para se julgar diante de um grafismo. Será indispensável que as representações gráficas contenham características suficientes à sua identificação. Assim um simples algarismo, embora com seu significado, não constitui grafismo ou escrita. É um fragmento gráfico, assim como existem fragmentos de impressões digitais, muitos dos quais sem permitir identificação dactiloscópica (DEL PICCHIA et al., 2005, p. 105).

1.5 Ilustrações no trabalho.

As divergências e convergências documentoscópicas ou grafotécnicas devem ser devidamente ilustradas e explicitadas em quadros apropriados com legendas e assinalamentos. Desenhos, croquis, fotografias em negativo ou digitais, bem como cópias e outras formas de ilustração são necessárias.

Tamanho esse fato, que a comparação deu-se pela assinatura, assim como as rubricas e com a análise da assinatura das outras partes.

1.6 Sobre o material questionado.

Uma análise muita rápida nos apresenta somente o aspecto formal dos grafismos, ou seja, as imagens gráficas.

Porém, um trabalho criteriosamente investigativo, sob a luz dos conhecimentos de Grafoscopia adquiridos, começa a nos mostrar que essas assinaturas apresentam divergências, ou convergências, consideráveis.

Iniciaremos, então, uma análise de forma criteriosa. Observaremos os padrões, e passaremos aos procedimentos de confronto, Método Grafocinético, para examinar e descrever as particularidades, convergentes ou divergentes, entre padrões.

2ª parte do trabalho: Perícia Grafotécnica
Abaixo será demonstrada a análise pontual das assinaturas

I – SUBJETIVOS

1. Ritmo: É a constância do pulso gráfico; quando o ritmo é constante, a escrita costuma apresentar poucas variações em sua morfologia; quando o ritmo é alternado, a escrita surge com desigualdades em sua aparência, especialmente nas dimensões, pressão e velocidade. Existem escritas de ritmo fraco, médio e forte.

Verificou-se que o ritmo é médio.

2. Velocidade: É a rapidez com que o autor lança o instrumento de escrita no suporte. A velocidade pode ser lenta, moderada ou rápida.

Verificou-se que a velocidade é rápida.

II – OBJETIVOS

3. Gramas (formas): O conceito de grama compreende naturalmente um traço executado sem inversão de movimento. Apenas um traço e, havendo mudança de sentido, vislumbrar-se-á outro grama. **Mínimos gráficos** são formados pelos pontos finais, vírgulas, os pingos nos "is", acentos (crase, circunflexo, til e agudo) e cedilhas.

Nota-se que todas seguem o mesmo padrão.

4. Gramas (posição): A posição dos gramas pode ser: **NÃO PASSANTE** (quando não existe nenhum traço acima ou abaixo do corpo da letra); ou **PASSANTE** (quando existe traço acima ou abaixo do corpo da letra, podendo ser: superior, inferior, duplo passante, presilha ou anel.

Nota-se que todas seguem o mesmo padrão.

5. Inclinação Axial: É o ângulo de inclinação da escrita, em relação ao eixo vertical de um sistema de eixos cartesianos, onde o eixo horizontal é representado por uma linha de base imaginária.

Nota-se que todas seguem o mesmo padrão.

6. Alinhamento: A análise grafotécnica observa as formas de lançamento do grafismo, tomando-se o ponto de partida a linha de base do primeiro grama minúsculo em relação aos demais. A assinatura pode ter aspecto, horizontal, ascendente, descendente, sinuoso ou arqueada.

Nota-se que todas seguem o mesmo padrão.

7. Gladiolagem: É a variação quanto a extensão vertical dos gramas e apresenta momentos distintos: em grupos gráficos, em vocábulos isolados ou em conjuntos vocabulares. Podendo ser classificado como constante, positiva ou negativa.

Nota-se que todas seguem o mesmo padrão.

8. Momentos Gráficos: A quantidade de paralisações corresponde à quantidade de momentos gráficos que formam um grafismo. É bem caracterizado pelo ataque, trajetória e remate.

Nota-se que todas seguem o mesmo padrão.

9. Calibre: O calibre se refere ao tamanho da escrita, seja no todo, ou em qualquer de suas partes. Podendo ser classificado como pequeno, médio ou grande.

Nota-se que todas seguem o mesmo padrão.

Por fim,
A escrita é um instrumento de fixação de idéias, é nela que escrevemos a história, marcamos passagens e foi através dela que a humanidade desenvolveu-se, basta saber que a escrita é peculiar apenas no homem, ou seja, nenhum outro animal conseguiu reproduzir a escrita.

Porém, é também através deste precioso instrumento, que homens de moral e honra duvidosa, tentaram e continuam tentando obter vantagens, muitas vezes ilícitas, pois é no documento que a escrita pereniza a vontade, sendo que desta forma, sempre haverá àqueles que procuraram tirar proveito da escrita para satisfazer uma necessidade sua, mesmo que para isso o sujeito lese direito de terceiros.

Graças a estudiosos no assunto da escrita, temos hoje uma ferramenta valiosa que é a perícia grafotécnica, pois dado o ato espúrio com que algumas pessoas fizeram uso indevido da grafia de outras, é que surgiu tal trabalho, como forma de levar aos olhos do poder judiciário a questão da fraude, e com isso tentar minimizar problemas desta natureza.

Neste parecer, procurou-se abordar com mais acuidade a questão de ordem genética da escrita, ou seja, a gênese gráfica, pois é nela que o perito deve basear seu trabalho.

Todo falsário de assinatura ou escrita, quando se prepara para cometer o ilícito, busca sempre ater-se, por vezes, minuciosamente à forma da grafia, pois é esta que interessa a ele.

Para tanto existem falsários que passam por longo período de treino para tentar alcançar o que ele entende por perfeição, é certo, que aos olhos de um leigo e mesmo, às vezes, da própria vítima, a assinatura pode passar como se autêntica fosse, porém, se questionada e levada aos olhos de um perito grafotécnico, este, certamente não se apegará à forma e sim buscará na gênese da grafia a certeza da falsificação.

Tal abordagem é de suma importância, visto que o trabalho do perito grafotécnico deve ser feito dentro dos padrões científicos, uma vez que o resultado equivocado de um laudo grafotécnico pode causar erros judiciais severos e por vezes irreparáveis, fato esse que foi realizado nesse parecer.

CONCLUSÃO

Saliente-se que o presente parecer, busca de forma clara e direta, que a data no contrato em análise, **SÃO DIVERGENTES** as assinaturas. Fato esse que as mesmas análises foram feitas com as demais assinaturas e não se encontrou semelhanças, conforme descrito no presente parecer.

Local e data.

Prof. Dr. GLEIBE PRETTI
Perito Judicial e Assistente técnico Grafotécnico

CONCLUSÕES SOBRE ESSE LIVRO

Tudo que foi anteriormente exposto demonstra a importância da prova pericial, pois em vários casos o juiz estará diante de fatos que versam sobre questões técnicas ou científicas, cujo conhecimento não possui ou não domina, necessitando ser auxiliado por um perito especializado na respectiva área.

Como auxiliar da justiça, só poderá ser nomeado perito o profissional especializado na área de conhecimento do objeto da perícia, devendo apresentar seu currículo com prova da especialização.

A exigência da efetiva especialização é mais do que adequada, pois em muitos casos o perito nomeado estará incumbido de examinar atos e procedimentos realizados por outros profissionais também especializados. Desta forma, seria absolutamente incoerente que um profissional, não especialista na área do objeto da perícia, seja nomeado para auxiliar o magistrado.

Para que a perícia atinja sua finalidade de levar aos autos do processo todos os esclarecimentos necessários à compreensão da matéria, viabilizando a valoração da respectiva prova, todas as regras que disciplinam a forma do ato devem ser escrupulosamente observadas, sob pena do trabalho pericial e respectivo laudo serem considerados insuficientes e lacônicos, acarretando a invalidade.

A Lei nº 13.105/2015 – "Novo Código de Processo Civil" – trouxe inúmeras inovações no âmbito da produção de prova pericial, e ao incorporar vários entendimentos jurisprudenciais adotados na vigência o código revogado, enriqueceu a legislação e afastou a possibilidade de discussões muitas vezes infundadas, e que tinham como origem a falta de um regramento mais minucioso.

NOTAS E REFERÊNCIAS

BANDEIRA, José Ricardo Rocha. A pericia grafotécnica nos tribunais brasileiros. In:**Âmbito Jurídico**, Rio Grande, IX, n. 27, mar 2006. Disponível em: <http://www.ambito-juridico.com.br/site/index.php?n_link=revista_artigos_leitura&artigo_id=1009>. Acesso em fev 2013.

COSTA, Soraya Almeida. A perícia grafoténica. Disponível em: http://sorayaacosta.com/p_grafotecnica.html. Acesso em fev 2013.

[JUSTINO, 2001] JUSTINO, E. O Grafismo e os Modelos Escondidos de Markov na Verificação Automática de Assinaturas. Tese de Doutorado, Pontifícia Universidade Católica do Paraná, Brasil, 2001.

[KHOLMATOV, 2003] KHOLMATOV, A. A Biometric Idendtity Verification Using OnLine & O -Line Signature Verification. Master's Thesis, Sabanci University, 2003.

[XIAO & LEEDHAM, 1999] XIAO, X; LEEDHAM, G. . Signature Verification by Neural Networks with Selective Attetion and a Small Training Set. Applied Intelligence, Vol.11, No.2, 1999, 213-223 p.

Parte 2

[1] SANTANA, Edson Júnior. O que é Perícia Judicial? Disponível em: http://beatriziolanda.com/?p=5394. Acesso em 29 de fevereiro de 2016.

[2] SANTANA, Edson Júnior. O que é Perícia Judicial? Disponível em: http://beatriziolanda.com/?p=5394. Acesso em 29 de fevereiro de 2016.

[3] MANZI, José Ernesto. O juiz e o perito: paralelos e intersecções. Disponível em: http://ambito-juridico.com.br/site/?n_link=revista_artigos_leitura&artigo_id=13843&revista_caderno=21, Acesso em 01º de março de 2016.

[4] MANZI, José Ernesto. O juiz e o perito: paralelos e intersecções. Disponível em: http://ambito-juridico.com.br/site/?n_link=revista_artigos_leitura&artigo_id=13843&revista_caderno=21, Acesso em 01º de março de 2016.

[5] MANZI, José Ernesto. O juiz e o perito: paralelos e intersecções. Disponível em: http://ambito-juridico.com.br/site/?n_link=revista_artigos_leitura&artigo_id=13843&revista_caderno=21, Acesso em 01º de março de 2016.

MANZI, José Ernesto. O juiz e o perito: paralelos e intersecções. Disponível em: http://ambito-juridico.com.br/site/?n_link=revista_artigos_leitura&artigo_id=13843&revista_caderno=21, Acesso em 01º de março de 2016.

MENDES, L.B. Documentoscopia. 3ª ed. Campinas/SP: Millenniun, 2010.

PICCHIA, J.D.F; PICCHIA, C.M.R.D; PICCHIA, A.M.G.D. Tratado de documentoscopia. 2ª ed. São Paulo: Pillares, 2005.

SANTANA, Edson Júnior. O que é Perícia Judicial? Disponível em: http://beatriziolanda.com/?p=5394. Acesso em 29 de fevereiro de 2016.

Notas:

[I] "Art. 369. As partes têm o direito de empregar todos os meios legais, bem como os moralmente legítimos, ainda que não especificados neste Código, para provar a verdade dos fatos em que se funda o pedido ou a defesa e influir eficazmente na convicção do juiz."

[II] Art. 373, CPC.

[III] Art. 148, CPC.

[IV] Art. 467, CPC.

[V] Arts. 95 e 370, do CPC.

[VI] CPC/1973, art. 145, §§ 1º e 2º.

[VII] TJ/SP – 17ª C. Dir. Priv., Ap. nº 0020202-41.2011.8.26.0348, Rel. Des. Francisco Carlos Inouye Shintate, Julg. 20.10.2015

[VIII] TJ/SP – 17ª C. Dir. Púb., Ap. nº 0200529-60.2008.8.26.0000, Rel. Des. Pedro Menin, Julg. 15.04.2008.

[IX] TJ-SP – 7ª C. Dir. Priv., Ap. nº 0057863-53.2006.8.26.0114, Rel. Des. Luis Mario Galbetti, Julg. 01.12.2014.

[X] TJ/SP – 2ª C. Res. Direito Empresarial, AI nº 2069249-19.2014.8.26.0000, Rel. Des. Ramon Mateo Junior, Julg. 08.10.2014.

[XI] TJ/SP – 3ª C. Dir. Priv., Ag. Reg. nº 2061862-50.2014.8.26.0000/50000, Rel. Des. Beretta da Silveira, Julg. 03.06.2014.

[XII] TJ/DF – 5ª T. Cív., AI nº 0014936-73.2014.8.07.0000, Rel. Des. Luciano Moreira Vasconcellos, Julg. 27.08.2014.

[XIII] TJ/RS – 5ª C. Cív., AI nº 70068447267, Rel. Des. Jorge André Pereira Gailhard, Julg. 02.03.2016.

[XIV] TJ/BA 4ª C. Cív., AI nº 0014747-57.2011.8.05.0000, Rel. Des. Cynthia Maria Pina Resende, Julg. 04.02.2014.

[XV] TJ/PR – 8ª C. Cív., Ap. nº 0687788-3, Rel. Des. Miguel Kfouri Neto, Julg. 02.08.2010.

[XVI] STJ – 3ªT., REsp nº 957347/DF, Rel. Min. Nancy Andrighi, Julg. 23.03.2010, DJe 28.04.2010.

[XVII] TJ/RJ – 9ª C. Cív., AI nº 0072576-69.2012.8.19.0000, Rel. Des. Roberto de Abreu e Silva, Julg. 05.03.2013.

[XVIII] TJ/MG – 11ª C. Cív., AI nº 10024971317078008, Rel. Des. Marcos Lincoln, Julg. 19.02.2014.

[XIX] TJ/SP – 16ª C. Dir. Púb., AI nº 11708794.2011.8.26.0000, Rel. Des. Amaral Vieira, Julg. 14.02.2012.

[XX] TJ/DFT – 6ª T. Cív., AI nº 20150020068466, Rel. Des. José Divino de Oliveira, Julg. 13.05.2015.

[XXI] STJ – 3ª T., REsp nº 100.737/SP, Rel. Min. Carlos Alberto Menezes Direito, DJ 25.02.1998, p. 69.

[XXII] TJ/SP – 38ª C. Dir. Priv., AI. Nº 0055116-79.2009.8.26.0000, Rel. Des. Maury Bottesini, Julg. 15.12.2010.

[XXIII] Ver item 2.5.1.1.

[XXIV] Art. 421, §1º.

[XXV] STJ – 4ª T., AgRg no AREsp 554.685/RJ, Rel. Min. Luis Felipe Salomão, DJe 21.10.2014

[XXVI] Ver item 2.4.

[XXVII] TJ/SP – 17ª C. Especializada, Ap. nº 0003307-83.2003.8.26.0445, Rel. Des. Pedro Menin, Julg. 14.02.2007.

[XXVIII] TRF – 4ª Rg. – 5ª T., Ap. nº 0014156-92.2015.404.9999, Rel. Des. Fed. Paulo Afonso Brum Vaz, Julg. 24.11.2015.

[XXIX] TJ/RS – 9ª C. Cív., Ap. nº 70065950032, Rel. Des. Paulo Roberto Lessa Franz, Julg. 30.09.2015.

[XXX] TRF – 1ª Rg. – 1ª T., Ap. nº 0070116-65.2010.4.01.9199, Rel. Des. Fed. Ney Bello, Julg. 19.03.2014.

[XXXI] TJ/SP – 3ª C. Dir. Priv., Ap. nº 0019476-43.2003.8.26.0576, Rel. Des. Beretta da Silveira, Julg. 05.02.2013.

[XXXII] TJ/SP – 1ª C. Dir. Púb., Ap. nº 0000754-83.2006.8.26.0663, Rel. Des. Danilo Panizza, Julg. 13.11.2012.

[XXXIII] TJ/SP – 37ª C. Dir. Priv., Ap. nº 0004710-06.2007.8.26.0071 – nº anterior 990.10.001292-4, Rel. Des. Dimas Carneiro, Julg. 27.01.2011.

[XXXIV] TJ/MG 16ª C. Cív., AI nº 10481060647114001, Rel. Des. Otávio Portes, Julg. 20.02.2013.

XXXV] ROSSI, Carlos Alberto Del Papa. O agravo de instrumento na lei nº 13.105/2015 – Novo Código de Processo Civil. Disponível em: <http://tinyurl.com/zuxh4w8>. Acesso em 07/04/2016.

[XXXVI] Ob. cit.

[XXXVII] STJ – 3ªT., RMS nº 44.254/SP, Rel. Min. Moura Ribeiro, DJe 10.09.2015.

[XXXVIII] STJ – 4ªT., RMS nº 45.649/SP, Rel. Min. Marco Buzzi, DJe 16.04.2015.

Sites utilizados:

https://pt.wikipedia.org/wiki/Escrita

http://www.cnj.jus.br/noticias/cnj/82848-cnj-regulamenta-cadastro-de-peritos-segundo-regras-do-novo-cpc

http://www.cinelli.com.br/Cinelli/Laudo_de_exame_-_reprografia.html

http://www.cnj.jus.br/atos-normativos?documento=2310

https://ricardocaires.jusbrasil.com.br/modelos-pecas/212833737/laudo-judicial-grafotecnico-e-documentoscopia

https://www.saudeocupacional.org/2016/07/os-honorarios-periciais-a-luz-da-nova-resolucao-do-cnj.html

http://gilbertomelo.com.br/prova-pericial-no-novo-cpc/